裕陵鸟瞰图

图1　裕陵陵宫鸟瞰
图2　裕陵圣德神功碑亭南面

图1　裕陵望柱、石像生、牌楼门远眺
图2　裕陵牌楼门

图 1　裕陵五孔桥东侧
图 2　裕陵石五供东南侧面

图1　裕陵隆恩殿东南侧面
图2　裕陵陵寝门及三路一孔桥

图 1　裕陵神厨库外景
图 2　裕陵地宫穿堂券顶上的二十四尊佛像

图 1　裕陵的朝山金星山
图 2　裕陵妃园寝容妃宝顶

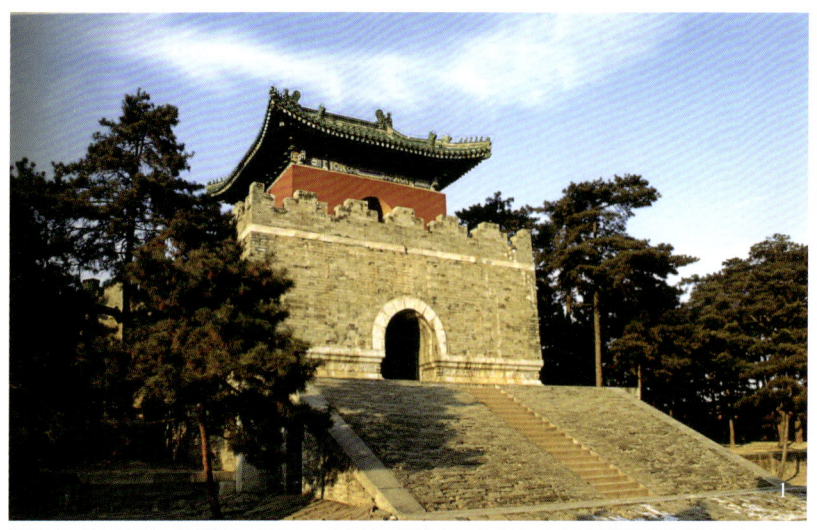

图 1　裕陵妃园寝纯惠皇贵妃方城明楼
图 2　裕陵神道碑亭

完美心术

乾隆帝陵卷

徐鑫 著

中国国际广播出版社

图书在版编目（CIP）数据

完美心术：乾隆帝陵卷 / 徐鑫著. —北京：中国国际广播出版社，2022.6
（清朝帝陵文化系列）
ISBN 978-7-5078-5120-5

Ⅰ.①完… Ⅱ.①徐… Ⅲ.①乾隆帝（1711—1799）－陵墓－介绍 Ⅳ.①K928.76

中国版本图书馆CIP数据核字（2022）第071523号

完美心术：乾隆帝陵卷

著　　者	徐　鑫
责任编辑	聂俊珍
校　　对	张　娜
设　　计	王广福　姜馨蕾
出版发行	中国国际广播出版社有限公司 ［010-89508207（传真）］
社　　址	北京市丰台区榴乡路88号石榴中心2号楼1701
	邮编：100079
印　　刷	环球东方（北京）印务有限公司
开　　本	710×1000　1/16
字　　数	220千字
印　　张	19
版　　次	2022年8月　北京第一版
印　　次	2022年8月　第一次印刷
定　　价	65.00元

版权所有　盗版必究

我所知道的"守墓人"
——记徐鑫先生的精神家园

岳南

近日，得知好友徐鑫先生新作"清朝帝陵文化系列"系列即将问世，为之高兴之余也颇为感慨，简单书写几句，以示读者。

我与徐鑫相识、相交已近二十载。那是1999年11月的一天夜晚，徐鑫在他的父亲，时任清东陵研究室主任、著名学者徐广源先生的陪伴下到北京看病，借此机会到我家做客。当时，我挽留父子二人促膝长谈，就共同的研究和写作体会进行交流。那时，徐鑫虽尚未开始写作，但言谈举止中已流露出对历史的无限挚爱和内在才华，让人有一种清新亮丽之感。于是，我鼓励他将单纯的爱好上升为研究层次并形成作品，以备出版奉献社会，徐鑫表示回去后潜心研究，争取早日拿出成果。

后来，在不断求医治病过程中，徐鑫以新时代清陵"守墓人"的身份，从故纸堆里研究并从现实生活中见证了那段历史，逐渐理解和发现那些隐藏在红墙黄瓦里鲜为人知的秘密。于是，他用自己独特的视角和笔墨一层层地拨开历史迷雾，继承和书写了清陵这部砖、石、瓦、木写就的历史长卷。面对众多的"野史""穿越"等作品和传说，徐鑫在正史和清宫档案的基础上，用浑厚、沉稳的笔触，以深入浅出、通俗易懂、冷静自然的叙述方式"驱邪斧正",还清陵历史真面目。那份坚持、热情和执着,令人欣赏,更令人钦佩,日后取得的一连串成果也就顺理成章了。

我们所说或看到的坟墓或者陵墓,是指埋葬死者的地方,是人类社会发展和宗教信仰的必然产物,其根源在于灵魂观念和敬畏思想的产生。因此,坟墓是一种物质和非物质相结合下的意识形态载体。

中国漫长的封建社会,作为社会最高主宰的皇帝,其陵墓是特有的标志等级贵贱的产物,是当时的政治、经济、文化的缩影和晴雨表,是统治阶级将皇陵风水与皇权紧密连在一起,并企图融入"事死如事生""千秋万代繁昌不绝"等思想文化理念的综合体。在连绵不断的历史长河中,作为封建王朝权力顶端的帝王,往往在完成自己一代霸业或败业的同时,使用至高无上的皇权,营建自己死后居住的豪华居所,以便权力能从地上延续到地下,于是陵墓成为他们在另一个世界里的皇宫。因此,人世间的山水在另一个世界里也建立起了一座座封建帝王的"地府天堂",也就是有些史书所称的"皇陵"。

中国历代帝王的皇陵,几乎遍布大江南北的青山绿野之中,不但占据了当时最好的湖光山色和绝佳的风水宝地,而且占地面积、建筑规模都很宏伟壮观。斗转星移,岁月流逝,帝王的陵墓渐渐成为极具特色、清晰可见的鲜活历史,而建筑本身与陵墓中埋藏的文物,亦为当时政治、经济、文化的精华与缩影,是我们回顾和研究历史的最好现场与实物。

站在今天的角度,就文化和精神层面言之,中国皇陵所反映出来的内涵,除了封建帝王生活及制度的参照,亦是中华五千年灿烂文化和悠久历史的结晶,是中华民族丰富的古代物质文明与思想观念结合后繁衍出的历史文化精华，是沉睡在山水间的历史文献，是珍贵丰富的艺术博物馆，是留给子孙后代的无价的重要文化遗产，同时也是世界文明的重要组成部分。通过对这些历史遗迹的了解与深入研究，可以让我们真实地还原那些最具生命力的鲜活记忆，而这些丰厚、具体的年代记忆，为今天的人们"在史中求史识""吸取历史的教训"（陈寅恪），具有不可替代的作用。

大清王朝已隐没于历史尘埃之中，但就历史阶段言之，又似乎在昨天刚刚退去，近三百年的政治文化、历史典故、逸闻趣事，似乎仍在眼前飘动。然而，历史毕竟还是历史，那些立于世间的清朝皇陵——关外三陵、清东陵和清西陵，普通百姓只看到庞大辉煌的外表，却很难知其地宫的状况和文物的价值与命运，只知其然而不知其所以然。清皇陵已在历史中沉睡，而在皇陵内沉睡的不只是清朝帝、后、妃们的亡灵，更多的还有那些说不完、道不尽的清朝别样故事，如清朝皇陵陵墓的选址、修建、用料、陈设、祭祀、防护、管理等，皆有其丰富的历史内涵，可谓处处皆学问。

据我所知，目前国内研究清史者虽人数众多，也取得了较大成绩，但在清史研究的另外一块阵地——清皇陵研究领域，取得瞩目成就的少数人中，徐鑫则是最值得关注的。

1973年1月出生于京东名镇马兰峪的徐鑫，自幼在家庭、学校接受了严格的传统文化教育，兴趣十分广泛。读书、看报、摄影自不在话下，站在沙滩上看水流、倚在树下思考、坐在山坡上静静发呆等少年耍酷或装酷的事也干过一番……但据我所知，徐鑫最大的爱好还是历史，尤其是清朝历史，或许因为家乡的西面就是清东陵，或许因为祖上是守陵人，或许因为其父徐广源先生是研究清朝皇陵的专家。总之，徐鑫的成长与后来的成就，有很多一时说不尽的原因。因此，在他的生命中，清皇陵的一草一木、一砖一石都是无价之宝，都含有丰富的历史信息，都是有生命的活文物，是人与亡灵交流的场所，是一部记载人类文明发展史不可或缺的宝库。

1993年8月11日，中学毕业不久的徐鑫到清东陵当了一名看守皇陵的警卫，自此他的命运就与清朝皇陵联系在了一起。

那个时候，虽然清东陵还未申报世界文化遗产，但早已是闻名天下的国家级文物保护单位。由于工作在第一线，皇陵保护工作十分严格而且条件艰苦，堪比清朝时期的八旗兵。

一是上班时间长。每天24小时分为三班，每班次8小时，没有节假日。那些不开放的陵寝，只设置一名或两名保卫人员，每24小时换一次或一人终日看守，不分昼夜。

二是路途比较远。因为工作的特殊性，无论春夏秋冬，不管天气情况，都要坚持骑自行车到岗。虽说马兰峪在清东陵的东侧，但实际到上班的陵寝也有十多里的路程。白天上班还好，主要是夜里，路窄、草茂、沟深，一手骑车一手持手电筒照着路面，尤其冬天的路面特别滑，稍不小心就会掉进路边的深水沟里。到岗位的时候，身上也会被淋湿，没有干燥的衣服可换，只能靠体温烘干。夜间的陵区，冬季是寒冷的风吼，夏季是马槽沟内的蛙声一片，气候环境非常潮湿。守陵的工作是异常孤独寂寞的。由于人员少，不能常在值班房里休息，更不能睡觉，只能站在最明显的宫门或到陵寝内，不停地用手电筒打量四周动静。而且，越是天气不好的时候，如下雨、雷闪、下雪、刮大风等恶劣天气，作为守陵人就要到陵内外勤转、勤看、勤听,以防有人盗窃或者因恶劣天气造成陵寝发生火灾和损坏。

三是颇具危险性。上岗人员除了一个手电筒外,就是赤手空拳,没有任何警戒工具。陵寝之间相隔较远,与村庄民居也相距甚远。一旦出现偷盗、抢劫事件,对方是有备而来,可能带有作案工具和凶器,看守陵寝的人连呼救的可能都没有,因为发现对方的时候危险已经到了身边。在全力以赴的打斗过程中,也根本没有时间和精力呼救,更不要说有时间打内部电话报警了。因此,除了全神贯注地巡视,以便提早发现可疑和危险情况外,只能默默祈祷平安。

在清东陵干着守陵这样的苦工作,也正是徐鑫任劳任怨负责的工作,他看守的皇陵没有发生过火灾和盗抢。然而,作为刚出校门的学生,无论是体质还是工作经验,徐鑫都没有比那些年长的同事有更多的窍门,自然受罪是最多的,以致落下腿怕冷、无力及常年疼痛的毛病。对此,徐鑫曾多次想打退堂鼓,但最终还是坚持了下来。按他的说法,自己是满族人,是守陵人的后裔,对清朝历史有着执着、痴迷、深厚的感情。

徐鑫认为,清陵文化的继承和研究更重要。因此在看守皇陵之余,他更注重研究和弘扬清陵文化,于是将业余时间和精力放在清宫档案的查阅及实地调查上,潜心研究清陵文化二十余年,凭借着扎实的基本功、严谨负责的态度,先后出版了被业内称为"良心书"的《铁腕女人:清东陵慈禧陵劫难之谜》《香妃迷案:清宫档案与考古中的香妃》《大清皇陵私家相册》等二十余部专著,发现并填补了很多清陵研究领域的空白,并在此基础上创作了"清朝帝陵文化系列"作品。

该系列作品以正史、清宫档案为基础，结合当今史学最新研究成果，将实地调查和历史文献记载有机地比对、结合，以朴实无华的文字辅以图片方式，深入浅出地介绍了清朝的永陵、福陵、昭陵、清东陵、清西陵等皇陵的风水、建筑规制、陵寝特点、陵寝祭祀、陵寝管理和保护、陵寝被盗和清理等，以全新的形式向世人解读了大清皇陵这部看得见、摸得着的"大清历史档案"。作为一部浓缩的清朝历史，清朝皇陵就像一面多棱镜，从不同角度折射着清王朝曾经的发展、辉煌和衰落。书是本本精彩，历史是代代沉重。

概而言之，整个大清王朝共建有十二座帝陵，每一座皇陵又都是一个王朝历史的缩影；走过每一座皇陵，都是穿越一部历史年轮。因此，清朝皇陵是清王朝兴衰发展的影子，是一部记载社会和国家的大百科全书，它将天、地、人与龙、沙、穴、水等有机融为一体，成为一部传承中国风水学的堪舆宝典；它将各部门、管理、保护机构高效组织在一起协同工作，因此又是一部现代管理学；又由于清朝皇陵需要科学规划建筑布局和建筑规制，它还是一部古代建筑学。清朝皇陵建筑不仅美轮美奂，它们的所在地也都是风水极佳的梦幻之地，山形地貌在完全符合风水标准的完美与吉祥的同时，也最大限度地融入了崇高、永恒的人文精神。假如读者是位有心人，一定会从这一系列图书中获益匪浅，尤其在精神上得到与现实观感不一样的快乐。

从历史发展角度来说，无论是在工作中的履行职责，还是在工作之外的坚守，徐鑫已经不再是普普通通的"守墓人"，而是名副其实的"清陵文化的守护者和传承人"，其更多的贡献还是体现在陵墓文化的继承和弘扬。

希望徐鑫不忘初心，在清陵文化探索研究和传承弘扬的道路上继续努力，为社会奉献更多精彩的作品。

2017年9月于北京

岳南，历史纪实文学名家，著有《风雪定陵》《复活的军团》等考古纪实文学作品十二部，有英、日、韩、法、德文版，海外发行达百万余册。另有《陈寅恪与傅斯年》《大学与大师——清华校长梅贻琦传》等系列作品十余部，其《南渡北归》三部曲出版后在海内外引起巨大轰动。

前言

乾隆帝，清高宗纯皇帝，姓"爱新觉罗"，名"弘历"，是雍正帝的第四子。在清朝的十二位皇帝中，别看他只是第六位皇帝，却是一个家喻户晓、充满传奇色彩的著名皇帝。

乾隆帝二十五岁登极，在位六十年，八十五岁禅让皇位，又当了三年多太上皇帝，八十九岁去世，实际执政六十三年。他是清朝最高寿的皇帝，实际执政时间也最长，同时他的王朝还是清朝最富有的一代。追踪乾隆帝的历史，他在清朝乃至在中国历史上都是一位了不起的帝王。

以往，人们大多认为在乾隆朝，乾隆帝凭借祖、父的执政基业，不仅个人贪图享受，大兴土木，巡游四方，挥霍浪费，大兴文字狱，还宠信贪官和珅，致使国家内耗严重、贪污腐败盛行，大清国也因此由鼎盛时期开始走向衰败。其实，乾隆帝在历史上也是一位很有作为的皇帝。在执政的六十余年里，他以皇祖康熙帝为楷模，夙兴夜寐，勤理国政，整治吏治，改革旧制，大兴河工，发展农业，广蠲赋税，曾五次普免天下钱粮、三次全免八省漕粮。他征讨准噶尔、统一回疆等十次大规模的征战维护了中华多民族国家的统一，并奠定了中国近代版图。乾隆帝深受汉族文化熏陶，饱读诗书，勤于诗画，博学多才，全面通晓中国传统文化,是我国古代作诗最多的诗人和题字遍海内的书法家。他还利用国家的力量,集百家智慧精华,编纂《四库全书》,大修宫殿园林寺庙,给后世留下了众多的文化瑰宝精品。其中,他为自己营建的陵墓——裕陵就是最具代表性的艺术瑰宝之一。

裕陵坐落于河北省遵化的清东陵内,是清东陵的第三座皇帝陵,也是清朝皇陵中地下建筑部分最为豪华奢侈的皇陵。

清东陵始建于顺治十八年(1661),葬有顺治帝、康熙帝、乾隆帝、咸丰帝和同治帝等五位皇帝及其后妃和一位皇子,以及清太宗皇太极的孝庄文皇后。整座陵园占地面积二千五百平方公里,是我国现存规模最大、体系最为完整的古代帝王陵墓群之一。由于地下埋藏着大量珍宝,清朝灭亡后,众多盗墓者将罪恶的黑手伸向了这里,使得清东陵这座文化艺术宝库遭受了空前的浩劫。特别是在1928年7月,国民革命军第十二军军长孙殿英率众盗掘了乾隆帝的裕陵和慈禧太后的定东陵,制造了震惊世界的东陵大盗案。新中国成立后,经过考古工作者对乾隆帝裕陵地宫的清理,裕陵地宫于1978年1月开始对外开放。宏伟坚固的陵寝建筑以及地下建筑中精美绝伦的佛雕艺术,都在无形中震撼着人们的内心。

然而,由于历史的原因,乾隆帝的裕陵虽然开放多年,历史学者也对其进行了深入的研究和不停的探索,但裕陵的传奇和神秘依然萦绕在浩瀚星空中,这不仅吸引着无数的历史爱好者,也一直是历史学者的重要研究课题之一。

那么,历史学者研究裕陵的什么呢?

1.乾隆帝所规定的"昭穆相建"丧葬制度的建立及影响;

2.乾隆帝在陵寝规制上的改革及影响；

3.裕陵建筑的风水理论及其影响；

4.裕陵地宫精美绝伦的佛雕艺术；

5.裕陵地宫被盗及文物流失去向。

古时，中国人历来都有"子随父葬"之说。即人死后，都会安葬在祖辈的坟地旁或附近。清朝的顺治帝作为入关的第一位皇帝，将自己的陵寝建在了关内的清东陵。康熙帝按照汉族的做法，将自己的陵寝建在了顺治帝的陵寝附近。雍正帝出于自己的需要，将陵寝建在了远离清东陵的清西陵，致使出现"父子分葬"的格局。然而，乾隆帝却也将自己的陵寝建在了远离自己皇父陵寝的清东陵，为确定自己这种做法的合法性，他还规定了改变并影响清陵建造位置的新的"昭穆相建"制度。

乾隆帝非常崇拜祖父康熙帝，就连自己的陵寝裕陵也是仿照康熙帝景陵规制营建的。但乾隆朝处于清朝鼎盛时期，能够花费大量人力、物力、财力在陵寝的营建上。所以，裕陵在建筑规制上也有它自身的一些陵寝特点。比如，石像生中有独特的狻猊，所有拱桥拱券上均雕刻有蚣蝮神兽，陵寝门前玉带河上建有雕刻精美的拱桥等，尤其是地宫建筑中精美的佛雕艺术，堪称中国古代皇陵最高艺术成就。

乾隆帝饱受汉族文化熏陶，受中国传统风水学说影响极大。为此，他亲自参与选定自己的陵寝，把清东陵境内龙局尊贵、砂水回环、朝案端严、罗城周密的胜水峪作为自己的万年吉地，而且还通过人工赔补修筑左右砂山及案山来填补风水的不足。尤其是精美的地宫，同时使用了"亥巳兼壬丙三分"和"壬山丙向兼亥巳丁巳分金"两个最佳风水朝向，足以说明乾隆帝是何等重视自己的陵寝风水。

乾隆帝生前信佛，他相信自己是文殊菩萨转世，于是在他的裕陵地宫里刻满了佛像、佛塔、佛经等精美绝伦的雕刻。这些雕刻主次分明、错落有致、图文并茂、内容丰富，闻名于世。尤其是地宫几万字的神秘经文，就连中国佛教协会会长、著名佛教专家赵朴初先生和十世班禅额尔德尼·确吉坚赞、经师洛桑曲培·桑达丹巴坚赞（又称"恩久"）对此也难以辨别，如今国内外专家学者也对此展开卓有成效的研究，并发表了一些研究性的文章。这足以看出裕陵地宫佛学文化的博大高深。

但是，再辉煌的帝国也有谢幕的一天。清朝灭亡后，由于国家政局不稳，国内军阀连年混战，土匪、军匪烧杀抢掠，清东陵这个葬有巨大财富的帝王陵墓群也没有逃脱被盗掘的厄运。裕陵地宫被盗，精美的棺椁被毁坏，墓主人的尸骨七零八落，价值连城的陪葬物品被洗劫一空，珍贵文物四处流落，实在是中华文明史上的一场浩劫，给世人留下了无尽的遗憾。

笔者生活在清东陵之东的马兰峪，在清东陵工作十多年，对于清东陵的研究源自内心对清陵文化的挚爱。因此，笔者不仅到裕陵进行了无数次实地考察，走访当地的守陵老旗人，还翻阅了大量清宫档案和清陵著作，取得了很多珍贵的第一手资料。在自己之前的研究成果之上，笔者秉承以往一贯的写作风格，大胆使用珍贵的原始档案，简单如实地介绍了乾隆帝的出身之谜、生前的即位和死后的归宿，并将乾隆帝的陵墓建造历史以及陵墓的建筑规制、特点等详细、全面地加以介绍，表达了对裕陵地宫雕像及文字的客观评价和指导性的观点及论述，该书的内容不仅新颖、真实，在知识和研究领域始终保持最前列，更是爱好者和研究者必备的启蒙书、指导书。

最后，但愿笔者的这本集知识性和收藏性为一体的小册子，能给那些喜欢历史和清陵的人们了解乾隆帝及其裕陵提供一些微小的帮助，仅此而已，心愿足矣。

目录

001　序章　新华社的一条新闻

001　第一章　乾隆帝的人生前传

002　一、"不凡"的出身
029　二、鹤立鸡群的童年
034　三、封存十三年的秘密

042　第二章　乾隆帝死后也奢华

043　一、禅位归政
050　二、奢华的陪葬
054　三、十九次祭礼
060　四、隆恩殿的"宝贝"

069　第三章　"父子分葬"东西陵

- 070　一、不得不的办法
- 073　二、选定陵墓风水

080　第四章　"高大上"的"地下佛堂"

- 081　一、建筑规制及介绍
- 102　二、精美的地下石雕佛堂
- 125　三、裕陵的特点

131　第五章　揭开皇陵深处面纱

- 132　一、地宫里的后妃
- 137　二、从北京到东陵
- 146　三、这里的谜团很多

185　第六章　破解地宫佛像和经文

186　一、两位大师走进地宫
188　二、这个答案不完美
196　三、再次解读地宫

202　第七章　解密裕陵妃园寝

203　一、园寝规制被提升
208　二、享殿"藏宝"
215　三、两座地宫 三个女人
227　四、其他妃嫔的人生档案
236　五、裕陵妃园寝的被盗

239　附录

240　附录1　乾隆帝遗诏
243　附录2　裕陵圣德神功碑碑文
248　附录3　乾隆帝后妃表
260　附录4　乾隆帝皇子表
266　附录5　乾隆帝皇女表

270　**参考书目**
272　**后记**

序章

新华社的一条新闻

1978年4月30日，新华通讯社播发了一条新闻：

新华社石家庄四月三十日电 我国又一座具有独特风格的地下宫殿——清朝修筑的裕陵地宫，最近正式开放，接待观众。

坐落在北京以东一百二十五公里河北省遵化县境内的裕陵，是清朝皇帝乾隆的陵墓，清东陵的一个组成部分。清东陵共有十五座陵墓，其中有顺治、康熙、乾隆、咸丰、同治的帝陵五座。由于乾隆是清朝统治时间很长的一个封建帝王，所以裕陵不仅规模大，建筑工艺水平也较高。这座陵墓从1743年（乾隆八年）动工兴建，用了三十年[①]的时间才建成。据文献记载，修建裕陵耗费的白银约一百八十万两。

裕陵虽然沿袭了明陵的建筑形式和手法，但又独具特点。由牌楼、朝房、配殿等组成的建筑群，被一条通往陵寝的十二米宽的砖石道连接起来，主次分明，颇具节奏感。八对石像生分别排列在砖石道两旁。明楼是全陵最高的建筑物，登高远望，陵寝全貌尽收眼底。明楼下面有一座方城，方城的正中部位是地宫的入

---

① 这里说的时间有误。

口处。裕陵地宫进深五十四米，总面积三百二十七平方米。地宫由四道石门和三间堂室组成，全部是拱券式石结构。八扇重约两吨的石门上，各雕刻着一个菩萨立像。八个菩萨浮雕，线条清晰，形态逼真，看来极为相似，细瞧又神态各异。地宫的尽头安放着乾隆的棺木。地宫的内壁和券顶上雕刻的各种佛像和图案，显示了匠师们的精湛技艺和智慧……

消息一经播出，立即在国内外掀起了一股巨大的考古、旅游热潮，人们把惊喜的目光投到了清东陵这块神秘的土地上，考古的、探奇的、游玩的，人们开始一窝蜂地涌向清东陵。

最有经营头脑、反应和行动最快的要属北京市的长途汽车公司了，他们第一时间在6月16日的《北京日报》上打出了专题广告：

市长途汽车公司开辟
马圈至遵化东陵游览专线

本报讯 为便利游览清东陵的裕陵地下宫殿，北京市长途汽车公司从六月十八日开始，开辟北京马圈至河北省遵化县东陵的游览专线，中途经过邦均、蓟县、石门站，全程一百三十公里，票价三元。

……为了解决集体游览东陵的交通问题，市长途汽车公司还办理包车业务。

1978年1月29日是裕陵地宫开放的日子，也是东陵人永远不会忘记的日子。新华社的消息播出后，四面八方的游人纷至沓来。为了给游人解决中午吃饭问题，笔者的父亲徐广源那天早晨开着一辆解放牌载重汽车去北京通县的宋庄供销社糕点加工部拉点心，汽车走到蓟县的马伸桥时，从北京方向来东陵参观的车一辆挨着一辆，排到了马伸桥。那天清东陵的停车场车满为患，参观乘坐的车辆一直停到了孝陵龙凤门。

五一劳动节这天，裕陵前宽广的海墁广场上游人如潮，售票口的玻璃挤碎了，宫门口的检票员检不过来票，人流竟一拥而进，值班的警察不得不鸣枪示警……地宫里的游人达到饱和，里面的人出不来，外面的人进不去。工作人员紧张地抱着棺床上的两个地宫文物展橱，寸步不敢离开……

当人们走入阴森、寒气逼人的裕陵地宫时，首先看见的就是地宫高大厚实的石门雕刻和墙壁、券顶上令人眼花缭乱的数不清的各种图案和奇异文字，这一切就像一团团迷雾展现在眼前，冥冥中似乎向来到这里的人们诉说着某种秘密，如歌如泣……

地宫里面十二根四方形的石柱子支顶在第一道、第二道、第三道石门的上门槛，第四道石门则没有石柱子。站在第一道石门外向第四道石门内的金券看，整座地宫各券居然不一致，最后的金券是歪的。史料记载：地宫内葬六人，而实际地宫金券只摆放四具棺椁。乾隆帝的遗骨在哪个棺椁里面？

地宫的开放，并不代表深藏着的秘密已解开。裕陵地宫究竟还有多少秘密不为人知？

裕陵地宫是清朝皇陵中开启的第一座地宫，刚刚经历"文化大革命"的人们对此尤其感到新奇，从而引发了人们来到清东陵参观的热潮，给清东陵的服务带来了一定的压力。在20世纪70年代后期，中国的经济实力还很薄弱，食品尤为短缺。当时在清东陵唯一能提供餐饮的仅是清东陵文物保管所的职工食堂和对外开放的商店，购买时还需要提供粮票。尽管如此，每日上万的人流还是把所有能吃的食品抢购一空。这一切似乎在告诉人们：裕陵地宫的开放，已经宣告清朝陵寝的秘密不复存在。

事实真的是这样吗？非也！

那么，为了让我们更好地了解裕陵，就先从它的墓主人——乾隆帝谈起吧。

第一章 乾隆帝的人生前传

童年时期的乾隆帝凭借天资聪明、勤奋好学，获得康熙帝和雍正帝的赏识，得以进入皇宫学习和生活，日后还被秘密立为储君，最终登上了皇帝宝座。但是，作为一位政绩显赫的皇帝，乾隆帝的出身问题在他死后却成为历史谜团。

一、"不凡"的出身

对于乾隆帝的出生情况，《清皇室四谱》是这样记载的：

> 雍正十年世宗赐号"长春居士"，后尝自号"信天主人"，七十后自称"古稀天子"，又自称"十全老人"。为世宗第四子，其初次序实为第五。康熙五十年辛卯八月十三日子时生于雍亲王藩邸。母王府格格钮祜禄氏，即孝圣宪皇后。

按照以上记载，康熙五十年（1711）八月十三日，乾隆帝出生在北京的雍亲王府邸（今雍和宫），生母为雍亲王胤禛的格格钮祜禄氏。

乾隆朝服画像

然而奇怪的是，这位自称"十全老人""古稀天子"的乾隆帝，野史和笔记小说却对他的出生地以及生母提出了疑问，并紧咬住不放，最终演绎出"草房之谜"和"龙凤交换"两个故事，以此来说明乾隆帝生母是汉人，他是汉人之子。后来，又经过野史的"宣传"和小说家的记述，以及史学大家的考证，使得原本离奇古怪的传说变成了"有据可查的史料"。——这就是历史上的乾隆帝身世之谜。

下面，就来简单介绍一下"草房之谜"和"龙凤交换"两个故事。

第一个故事："草房之谜"，是将乾隆帝的出生地点指定在了承德避暑山庄，说其生母是一个叫李金桂的汉族打杂女仆。这个故事是这么说的：

康熙四十九年（1710）五月，按照惯例，康熙帝率领众皇子及文武百官乘车骑马，浩浩荡荡开进了承德以北的木兰围场。方圆六百里的木兰围场，又分为大小七十二个小围场，康熙帝率众在此展开了一次具有多重意义的围猎活动。九月初，围猎大军转到了离热河不远的阿格鸠围场。

一日黄昏，年轻体壮的皇四子胤禛带领几个随从追捕小的野兽，忽然在一片山野密林中发现一头梅花鹿正在引颈狂奔。胤禛冲上前去，从容张弓搭箭，对准鹿的头部一箭射去。伴随着一阵凄厉的哀号，梅花鹿倒地翻滚，痛苦不止。当胤禛一行人飞马赶到时，鹿已气断身亡。胤禛立即命令随从恩普砍下鹿角回营登记，并将温热新鲜的鹿血用随身携带的野餐用具接住，咕咚咚地喝了下去，然后打马回营。

岂料刚刚翻过一个山头，胤禛便觉心中一团欲火熊熊燃烧起来。随着马背的上下颠簸，这团欲火越烧越旺，烧得胤禛浑身发热，面红耳赤，气喘不止，连连呼叫要水。这正应了《红楼梦》里贾宝玉所说的"女人是水做的"那句话，此时只有女人的身体才能解决胤禛的焦渴。随从恩普见到主子难受的样子，知道这是刚才那碗鹿血在作怪，正在暗暗着急的时候，突然发现前方不远处有几间低矮的草房。于是恩普飞马上前，借着暮色，隐约可见有一个穿红色衣服的人正在草房前走动。忠心主子的恩普立即有了主意，他掉转马头来到胤禛的面前，大声对胤禛说："我看王爷是口渴了，速跟我来，到前边的草棚去饮茶！"此时的胤禛已被欲火烧得头昏脑涨，眼冒火星，痛苦万分，听到这话，顾不得许多，立即打马跟着恩普向草棚奔去。

　　在恩普的小心搀扶下，胤禛头昏脚轻地下了马，朦胧之中，见到菜园子中有一女仆正在收拾菜地。刹那间，胤禛心跳加速，血脉发热，眼冒绿光，大有把这女人吞下肚都不解渴的感觉。恩普把胤禛扶到草房中等候，独自快步跑到那女仆面前，大声疾呼："我家王爷正在房中焦渴，速去侍茶，快去！"那女仆听罢，不敢怠慢，立即快步跑进草房。

　　这时天色已近迟暮，晚霞开始消退。虽然外面尚有光亮，但草棚之内却黑乎乎地难辨东西。那女仆进得屋来刚要点灯，却被一股力量按倒在地上，女仆还未及反应，已被胤禛撕掉衣裤……

　　待胤禛雨散云收、身心俱悦之后，才想起点灯照看一下给自己泻火帮了大忙的女人，不看还好，这一看差点使他呕吐出来。只见这个女人身体肥大，脸上疤痕累累，相貌奇丑无比，一动不动地躺在地上。胤禛恼怒得"哼"了一声，愤然上马离开了这里。返回途中，胤禛越想越恼，越恼越恨，看到恩普得意的样子，他把一肚子的怒火发泄到恩普的身上，趁恩普不注意的时候，一鞭子将恩普连人带马打入悬崖，才算解了一点心中之恨，又使得此事再无第二个人知道了。可怜的恩普对主子耿耿丹心，最后竟落了个粉身碎骨的下场。此事很快就被胤禛忘却。

　　第二年夏初，胤禛再次随父皇康熙帝巡幸塞外驻跸于承德时，一年前发生的这件事却在行宫中传播得沸沸扬扬。原来，那个被胤禛强行交欢的女仆叫李金桂，时年二十七岁，是一个在避暑山庄狮子园种菜干粗活的汉族女仆。其娘家早已无人，自己又因在宫中救火，烧伤了面貌，一直未找到称心如意的婆家。但想不到胤禛的一次泄欲，竟使她怀上身孕，肚子一天天大了起来，这事自然瞒不住身边的姐妹，于是事情很快张扬开来。

身为王爷、具有爱新觉罗氏高贵血统的皇子胤禛，竟然和出身低贱的女仆有了鱼水瓜葛，自然是违犯了宫中禁令，有失皇家尊严。一向以多谋慎重著称的胤禛听到风声后，也没了主意，在后悔无药又无可奈何的情况下，只得向自己的舅舅、时任内务府总管大臣的隆科多求计。

隆科多在惊讶之余，亲自将李金桂提来密审。一通软硬兼施的手段过后，李金桂一口咬定肚子里怀的就是四阿哥的种。隆科多听后，先是欲将李金桂密谋处死，以杀人灭口，但转念一想，此事已为许多人所知，倘若李金桂被杀，不但不能灭口，反而会成为一大新闻在宫中沸腾起来，对皇四子胤禛和自己都没有好处。无奈之下，他将此事密报给了胤禛的生母、自己的姐姐德妃乌雅氏。姐弟俩经过一番周密的思考和反复的掂量，决定先将这个孽种生下来再作计较。

于是，李金桂不但保全了自己的性命，而且还于康熙五十年（1711）八月十三日，在自己被强暴过的草房内秘密生下了一个男孩。这个男孩刚一出生，立即被隆科多和德妃用移花接木的方法，将其秘密送到了雍亲王府，让胤禛的格格钮祜禄氏抚养，对外声称是钮祜禄氏所生。据说这就是所谓清宫文档记载"母格格钮祜禄氏"背后的隐秘。

弘历在雍亲王府渐渐长大，天性聪颖，敏而好学。弘历十二岁时，胤禛在圆明园"镂云开月"为康熙帝预祝寿辰，弘历才第一次见到自己的皇祖父。因弘历博闻强识，展现了自己聪慧好学的一面，康熙帝对其格外喜欢，命带回宫中抚养。

此后康熙帝巡幸避暑山庄时，弘历是少数几个随行的皇孙之一。而弘历居住的狮子园，则是康熙五十一年（1712）赐给胤禛的住院。原来，"鹿血攻心，草房得子"的丑闻，康熙帝早已得知，但碍于后宫德妃及太后的讲情说和，索性把狮子园赐予胤禛，以平息外界对于此事的传闻，狮子园的仆人自然也成为胤禛的仆人，也就提不上什么乱伦宫闱之说了。狮子园中夹杂着的草房与园内诸多美景格格不入，但因父皇早有交代，胤禛也不敢将其拆掉。至于弘历的生母李金桂，也因有康熙帝"好生待她"的金口保佑，免遭毒害，但名号根本与她无缘。

某日午后，弘历在侍从四狗儿的伺候下练习骑马，因口渴找水，竟鬼使神差地来到了草房。面对亲生母亲端上的玫瑰汤圆，弘历除了大加赞赏，剩下的也就只有"吃"了。听说母子见面不相识，心中有鬼的胤禛知道后，深恐露出事情的真相，严令弘历以后不准四处游玩，要老老实实在书房读书。

弘历当上皇帝后，改元"乾隆"。为替父补过，开恩释放了嫡亲十四叔、已被雍正帝囚禁了十年之久的允禵，并对十四叔尊礼备至。在乾隆帝的一次生日宴会上，允禵因高兴多喝了几杯，酒后吐了真言："皇帝的寿辰，本应在热河过的。"乾隆帝事后细细品咂，始知话中有话，于是起了疑心，经再三追问，才知道自己"另有生母"。

乾隆二年（1737），乾隆帝巡幸避暑山庄时开始认母，封李金桂为太妃，并在草房对面修亭悬匾，亲自手书"护云"二字，意为"长护慈云，以示孝母"。此后，才有乾隆帝多次奉太后东巡、南巡之事。

第二个故事："龙凤交换"，把乾隆帝说成陈世倌之子，称乾隆帝的父母皆为汉人，言外之意是说清王朝自乾隆帝开始已非满洲血统了。这个故事是这么说的：

雍正帝当亲王时，常年无子，在诸位皇子对储位的争夺中处于劣势。府中有一绝色佳人，即雍亲王侧福晋钮祜禄氏，倍受宠爱。美人一朝受宠怀孕，便天天烧香磕头，祈求菩萨赏她个儿子。当时，有一年过半百的朝廷内阁大臣陈世倌与雍亲王十分要好，恰巧夫人也喜得身孕。陈夫人与雍王妃亦十分投缘，平素常在一起闲聊，两人细细追思受孕时间，竟相差无几。十月怀胎，一朝分娩。出乎意料的是，陈夫人喜得贵子，而雍王妃却生了个千金，无法为自己的夫君争夺储位助一臂之力。看到自己的夫君忧愁的样子，雍王妃也整日愁眉紧锁，郁郁寡欢。

这一切都被身边的一个奶妈李妈妈看在眼里。精明的李妈妈为博取主子的欢心，经过几个昼夜的苦思冥想后，终于大着胆子为主子献上了一条奇计。王妃听后，顿时眉开眼笑，立即拿出一锭金子交给李妈妈，让她一手操办，并言称只要此事办好必有重赏。

李妈妈在重赏的诱惑下，怀着激动不安的心情来到陈府，进内室见过陈夫人，一番十分真诚的恭贺后，李妈妈言称其主子雍王妃也生了个男孩，并代表王妃邀请陈夫人带孩子去王府相见叙喜。陈夫人见王妃如此惦念自己，深受感动，便答应孩子满月后定带孩子前往王府请安。

满月刚过，李妈妈在府中未见陈夫人抱子前来，无奈之下再次来到陈府看个究竟。此时，陈世倌正在夫人身边，言称夫人身体不适，待过几日再到王府请安。李妈妈唯恐夜长梦多，中途生变，于是又心生一计："雍王妃在府上已将各种见面礼置办妥当，只等夫人携子前去，若夫人失约不往，王妃怪罪下来，老身恐无地自容。"说完，面有难色，似有不肯离去之意。

陈世倌夫妇闻听此言，也感到左右为难，两人相视许久，商量道："王妃要看的无非是老臣的犬子，不如你先抱去复命好了。"李妈妈闻听此言，不禁喜出望外，但面色如常，特意恭请陈府的奶妈一道前往，以便照顾孩子。陈夫人心中虽然不乐意，但老爷已经开口，况且自己也无良策应付这位得罪不起的王妃，只好勉强点头同意，眼巴巴看着李妈妈抱着自己的孩子离开了陈府。

当二人来到雍王府后，李妈妈将陈府的奶妈安置在下屋等候，自己则抱着孩子急如星火地直奔王妃居住的内室。直到天色将晚，李妈妈才从内室中出来，将一个用布包好的孩子交给陈府的奶妈，并派车将奶妈和孩子一同送回陈府。

陈夫人在府中正等得焦躁不安、六神无主的时候，见到孩子被抱了回来，心神为之一松，急忙接了过来。但当她把罩在孩子脸上的柔软丝绸揭开时，不禁大惊失色，怀中抱的竟然是一陌生女娃。陈夫人立即大声哭叫起来，陈世倌闻声闯进内室，见此情景，先是目瞪口呆，后来豁然明白过来。他接过孩子，细细观察了一会儿，劝夫人道："此事干系重大，利害攸关，千万不可声张，若是传将出去，恐祸不能免。我命中有子，上天注定不会让我绝后。现在木已成舟，只好将错就错，就此罢休!"陈夫人听后,虽悲愤不已,痛苦万分,但一个妇道人家对此也是回天无力,只好忍气吞声,自叹倒霉了。

陈世倌夫妇所生的男孩被换进王府很长一段时间,王妃才将孩子抱与雍亲王。雍亲王见孩子白白胖胖,举手投足间颇具帝王之气,心中十分欢喜,便按序列排为第四子,取名"弘历"。后来雍亲王即位当了皇帝,陈世倌见此,怕当年两家的秘闻张扬出去引来杀身大祸,便以"年老体衰"为由告老还乡,回到浙江海宁的老家。这个秘密在雍正朝一直不为外人所知晓。

时光飞逝,转眼已是乾隆十五年(1750)。一天晚上,乾隆帝独自一人在宫中游荡,当他迈出月华门,正要出隆宗门时,听见一间偏房里传出窃窃私语声。出于好奇,乾隆帝悄悄接近,打算听听宫人们在私下都说些什么消遣时光。从声音上分辨,里面一男一女,女的是自己幼年的奶妈,男的不知何人,但从声音中可以判定是一年老的太监。乾隆帝仔细听了一会儿,发现他们说的全是自己闻所未闻的宫中趣闻,甚觉新鲜,决定多听一会儿再走。

屋里这对男女聊天聊得特别投机,天南地北、宫里宫外谈个没完。乾隆帝听了好长一段时间后,忽然意识到以天子之尊偷听下人谈话有失体统,于是决定回宫就寝。就在他欲转身离去之际,忽听老太监岔开刚才的话,压低嗓子问道:"我最近听宫中张公公说,当今圣上原是陈阁老的骨血,还听说当年是你用先皇的公主换来的,这事是真是假?"

"可不敢胡说,要被杀头的。"李妈妈声音发颤,显然有些紧张。

"我只是随便瞎问一句,没有当真。"老太监说完就不再言语。乾隆帝内心悚然一惊，泥塑似的一动不动地听下去。

屋里沉默了好长时间，李妈妈终于憋不住了，将声音调到最低，沙哑着嗓子轻声说道："此事到你为止，千万不要再往外传了，这可是掉脑袋的大罪……不错，此事千真万确，当年俺亲手换的，连主意都是俺替皇太后想的，嘿嘿……"说到此处，李妈妈显然很是得意，兴奋之中声音不自觉提高了几分，"如今一晃四十年了，不知公主现下嫁何处，可叹俺当年白忙活了一场，如今皇上和皇太后看着俺好像无关人一样，当年俺算白出力了……"

乾隆帝闻听此言，如五雷轰顶，眼前金星乱冒，差点昏厥过去，怔愣了半天才缓过劲来。他不能再听下去了，他此时所想的是尽快把事情真相搞清楚。于是乾隆帝急速返回御书房，命人将李妈妈传来，当场审问。此时的李妈妈知祸从口出，早已是魂不附体，瘫软在地，说不出半句话来。乾隆帝见此情形，亲自将李妈妈扶起，好言相劝。李妈妈还过魂来，战战兢兢地将当年之事和盘托出。乾隆帝听罢，热泪盈眶，不觉叹了一口气，叮嘱李妈妈不要声张，回去好好休息。李妈妈昏昏沉沉回到小屋，就见一根绳子在她面前来回晃悠，尾随而来的小太监冷冷地说道："李妈妈辛苦了，圣上要我今晚将你送上西天，别怪我手下无情！"李妈妈一听当场昏死在地上，小太监未费吹灰之力就将李妈妈勒死在屋里。

处决完李妈妈后，乾隆帝直奔慈宁宫，见到太后劈头就问："儿臣的面容何以与先皇及母后的相貌截然不同？"太后听了，陡然变色，张口结舌，无言以对。乾隆帝见此情形，心中越发确定，不再追问，扭头离开。

第二天，乾隆帝降旨，要南巡海塘。一些老臣阻拦，但乾隆帝全然不顾，一意孤行。乾隆十六年（1751）正月，乾隆帝坐在龙舟之上顺运河南下，一路游山川，览名胜，赏歌舞，幸娇娃，朝夜作乐，直抵苏杭。

正在家中颐养天年的陈世倌，忽闻圣驾巡幸海宁城，不惜斥巨资将自家的安澜园装饰得富丽堂皇。乾隆帝入安澜园下舆升座，特命陈阁老夫妇列坐两侧。开宴之时，戏班女乐，侑宴助兴，宫娥彩女，翩翩起舞。但乾隆帝不为所动，眼神不时在陈阁老夫妇脸上扫来扫去，陈阁老夫妇也频频偷觑天颜容貌，似有无限惊疑与隐衷。乾隆帝何等聪明，内心已知这陈家老夫妇就是自己的生身父母，只是碍于君臣礼节，不好探问。筵席散罢，乾隆帝不忍离去，于是对陈世倌夫妇说道："此园颇为精致，朕拟在此驻跸几日，两位老人家年力将衰，免于请安，否则朕反过意不去。"陈阁老夫妇闻言心中大喜，已知儿子将自己认下，于是躬身退下。

圣驾起銮时，陈阁老夫妇遵礼恭送。乾隆帝依依不舍，不忍离去，看见陈阁老跪送在旁，忙亲自扶起，强忍泪水，握住陈阁老的手，慢慢走出中门。

南巡回京后，乾隆帝暗想："朕是陈阁老嫡亲骨血，算是汉人了，自古汉人称帝，皆是冕旒之制。朕为当朝天子，亦应改制汉装。"于是与朝臣议及此事，有力加谏阻者，亦有附加赞成者。此事被太后得知，将乾隆帝传入慈宁宫，大加斥责："你如果要改汉制，便是不忠不孝，不仁不义！"乾隆帝受了母后一番教训，知道来明的不行，只好转入暗中进行。

乾隆帝汉装写字像

一日，乾隆帝似乎是随意穿了一身古装冕旒补褂，问一位汉臣："看朕像不像汉人？"那位老臣听后，先是惊慌失措，继而激动得老泪纵横，颤颤巍巍地伏在地上回奏："皇上的确不像满人，太像汉人了！"

这两个发于塞北江南的传说故事，随着野史笔记的广为传播，最终产生了轰动效应。近年的文学、影视作品不断地添枝加叶，使故事更加离奇生动，然而离历史真实却是越来越远。这些故事的流传，最终引起史学家的注意，史学家对此进行了大量的考证。而在考证之后，传闻升格为所谓的"正史"了。

笔者经过查找大量的野史小说记载发现，首先对乾隆帝生母之谜说长道短的是晚清著名学者、社会活动家，人称"湖湘第一才子"的王闿运。王闿运在《湘绮楼文集》中指出，乾隆帝并非正史上所说"毓质名门"按制选入贝勒府的格格所生，他的母亲是一个出身贫寒的女子。因为家里贫穷，此女从小便开始做家务。十三岁那年，京城里正赶上宫中选秀女，此女前往看热闹，不知不觉中被卷入秀女行列，竟被选中，分发至胤禛贝勒府。胤禛当上亲王后，忙于政务，置妻妾于不顾。有一次，雍亲王生病，此女被派往服侍，数月后雍亲王病愈，因此女服侍有功，于是令其怀孕生下了乾隆帝。王闿运的说法遭到熟悉清宫典制者的否定，他们指出，清宫选秀女制度森严，绝不可能混进外来的普通女子。但王闿运的"异辞"还是再次引发了历史上中断已久的关于乾隆帝出生问题的争论，其争论在道光朝曾被强行制止。

嘉庆二十五年（1820）七月二十五日，在塞外巡幸的嘉庆帝猝然驾崩于热河避暑山庄的烟波致爽殿内。由于事起仓促，嘉庆帝未留下遗诏。受命撰写大行皇帝遗诏的是首席军机大臣、内阁大学士托津及军机大臣、文渊阁大学士戴均元。两位军机大臣参阅嘉庆帝生前颁行的谕旨及其御制文字，很快草写出大行皇帝遗诏。经过新即位的道光帝肯定后，遗诏迅速颁行天下。

八月二十二日，正当道光帝奉大行皇帝梓宫自热河回北京的时候，大学士曹振镛突然上奏道光帝，指出大行皇帝遗诏的末尾有一段不可饶恕的错误，恭请道光帝收回遗诏并对撰写遗诏的托津、戴均元严厉惩处。

看到奏折后，道光帝顿时大惊，"请出皇祖《实录》跪读"，"复遍阅

道光帝朝服画像

皇祖《御制诗集》",并与遗诏一一核对之后,大为恼火。九月初七日,盛怒中的道光帝把一腔悲愤发泄在了托津和戴均元身上,发出一道明谕,将两人赶出了军机处,下令收回遗诏,并指出遗诏中的谬误,"昨内阁缮呈遗诏副本,以备宫中时阅,朕恭读之下,末有'皇祖降生避暑山庄'之语,因请出皇祖《实录》跪读,始知皇祖于康熙辛卯八月十三日子时诞生于雍和宫邸。"

由于"遗诏布告天下,为万世征信,岂容稍有舛错。故不得不将原委明白宣示中外"。因此,道光帝传谕福建、广东、广西、云南四省督抚,命其火速将发往琉球、越南、缅甸等属国的遗诏截留,换上重新拟定的遗诏。

为什么道光帝会对遗诏内容及拟定大臣大发雷霆呢?原来,在遗诏中,关于乾隆帝出生地的叙述出现了重大问题。

我们先来看看修改前的嘉庆帝遗诏,末尾是这样写的:

> 古天子终于狩所,盖有之矣。况滦阳行宫为每岁临幸之地,我皇考即降生避暑山庄,予复何憾?

我们再来看看修改后的嘉庆帝遗诏,末尾又是这样写的:

> 古天子终于狩所,盖有之矣。况滦阳行宫为每岁临幸之地,我祖、考神御在焉,予复何憾?

修改前的"遗诏",以嘉庆帝的口气说道:古代帝王死在外面历来有之。何况避暑山庄是先皇经常来此居住呢?并且我皇父乾隆帝当年就是在避暑山庄出生的,所以我死在这里也没有什么遗憾的了。而修改后的"遗诏",意思则变为:皇祖雍正帝、皇考乾隆帝的画像供奉在山庄,我死在这里也就没有什么遗憾了。修改后遗诏的说法,其实是回避了乾隆帝的出生地点问题。然而,由于嘉庆帝遗诏已颁发,不能有大的改动,所以就算是这样的小改动也难免令人生疑。由此可见,乾隆帝的出生地点在清朝时就发生过争论和不同的记载。滦阳行宫位于避暑山庄宫殿区的西北,两侧是广阔的苑景区。遗诏中的"滦阳行宫"即代指避暑山庄。

对于乾隆帝的出生地点,民国初年时任国务总理的熊希龄,在热河行宫见到一处茅草房,草房留在"太子园"内,与周围雕梁画栋的建筑极不协调。打听其中的原因,一位八十岁的老太监便向他讲述了草房的来历:乾隆帝的生母诨名"傻大姐",是热河一工匠之女,在选秀女时,因缺少一个候选人,临时拉她充数。没想到她后来被选上了,进入雍亲王府做粗活,因雍亲王生病,傻大姐实心实意地侍候,感动了雍亲王,于是令其怀孕,生下了乾隆帝。因乾隆帝出生在热河行宫的茅草房里,所以把茅草房留了下来,以作纪念。熊希龄把这个听来的秘闻当成清史告诉了胡适,胡适则把它写进了1922年4月2日的日记里。后来《胡适日记》问世,这就使得这个破绽百出的故事因"名人"的讲述而扩编演变。

1944年5月1日,《古今文史》半月刊上发表了杂文作家周黎庵所写的一篇《清乾隆帝的出生》,该文章将原热河督统幕僚冒鹤亭的口述,以史料的形式披露了乾隆帝身世"秘闻":

弘历之出生，鹤丈①言之綦详，其说则余所未之前闻。鹤丈云：乾隆生母李佳氏，盖汉人也。凡清宫人之隶汉籍者，必加"佳"字，其例甚多。雍正在潜邸时，从猎木兰，射得一鹿，即宰而饮其血。鹿血奇热，功能壮阳，而秋狝日子不携妃从，一时躁急不克自持。适行宫有汉宫女，奇丑，遂召而幸之，次日即返京。几忘此一段故事焉。去时为冬初，翌岁重来，则秋中也，腹中一块肉已将堕地矣。康熙偶见此女，颇为震怒，盖以行宫森严，比制大内，种玉何人，必得严究，诘问之下，则四阿哥也。正在大诟下流种子之时，而李女已届坐褥，势不能任其污亵宫殿，乃指一马厩，令入。此马厩盖草舍，倾斜不堪，而临御中国六十年、为上皇者又四年之十全功德大皇帝，竟诞生于此焉。

鹤丈曾佐热河都统幕，此说盖闻诸当地宫监者。此草厩至清末垂二百年，而每年例需修理一次，修理之费，例得正式报销。历年所费，造一宫殿已有余赀，而必须修此倾斜之草厩者，若无重大历史价值，又何至于此？信如此说，弘历之生母孝圣宪皇后之福泽亦不可谓不大。弘历再番迸巡中，有奉皇太后巡幸者，江南命妇，得见太后颜色，口碑流传，多谓太后之貌奇寝。太后于巡幸时，尚有赐钱之举，人各一文，得者视为奇珍，鹤丈曾于戚家见藏其一云。

首先为之考证的是我国台湾史学专家庄练（苏同炳）先生，他在考证乾隆帝身世之谜时，赞同并援引了上述说法，并同时得出如下结论："冒因为在热河都统署中作幕宾之故，得闻热河行宫中人所传述之

---

① 鹤丈，指冒鹤亭。逊清遗老，原热河督统幕僚，近代著名学者。

乾隆帝出生秘闻如此，实在大可以发正史之隐讳。"不仅如此，庄练先生对传闻故事进行考证写成了《乾隆出生之谜》一文和《中国历史上最具特色的皇帝》一书。他在文章和书中指出，乾隆帝生母确系热河行宫宫女李氏，出生地点就是避暑山庄行宫狮子园内的草房，并且还提供了三条罕为人知的史料，作为乾隆帝的生母李氏在草厩产下乾隆帝的旁证：

其一，《圣祖仁皇帝实录》记载："康熙五十年（1711）七月，皇四子和硕雍亲王胤禛赴热河请安。"据此，庄练指出，康熙帝在这年四月由北京启行前往热河行宫，胤禛并未随行，显然无意使之参加木兰秋狝。然而当七月盛夏之时，胤禛却专程前往热河"请安"，如果不是有极其重大的事情需要请命皇帝，应该没有专程前往"请安"的必要。所以，所谓"请安"云云，实际上正是官书记载的文饰之词。因为以时间推算，乾隆帝的生母此时正大腹便便，临产在即。康熙帝为了要确定胤禛即为蓝田种玉之人，自然要在发现之后召讯胤禛面质此事，否则胤禛为何在此时恰好有此"请安"的举动，在时间上也如此巧合呢？

其二，乾隆朝有一位御史叫管世铭，在其所著《韫山堂诗集》中的"扈跸秋狝纪事诗"中写道："庆善祥升华诸虹，降生犹忆旧时宫。年年讳日行香去，狮子园边感圣衷。"诗后附有小注："狮子园为皇上降生之地，常于宪庙忌日临驻。"意思是说狮子园是乾隆帝的诞生地，因此，乾隆帝常在父皇雍正帝的忌日（八月二十三日）到这里小住几天，以表怀念。据此，庄练先生认为这是乾隆帝降生狮子园的有力佐证。

其三，清朝官修的《热河志》中，专门将"草房"记于狮子园中。所以根据这一点，庄练先生又说："考之清代官修的《热河志》，热河行宫有狮子园，乃是康熙时御赐雍正所居之别馆，园中有一处房屋，名为'草房'而别无其他名称，殊与同一别馆中的亭台堂阁显然有异。如果说是因为'草房'的规制隘陋，不足以登大雅之故，所以才没有被赐以专名，然则又为何要将这一不足以登大雅之堂的'草房'专门列入狮子园的房屋记载之内，与其他赐以专名的堂阁亭台同占一席之地呢？很显然，此一'草房'，并非寻常意义上的'草房'，正如冒鹤亭所言，是当年诞生乾隆的'草厩'也。"

为了进一步证明乾隆帝的生母是热河汉人宫女李氏，庄练先生不吝笔墨，再次从乾隆帝体健高寿入手，他在著作中写道：

> 清朝皇帝起家于关外的游猎民族，习俗尚武，虽富贵不忘其世代相传的骑射之风，所以在咸丰以前的各朝皇帝，不但他们自己都能驰骋鞍马，也以此教导他们的儿子。木兰秋狝，乃是清朝皇帝经常举行的狩猎活动，皇帝和皇子们一起在山岭原野之间骑马驰突，射猎虎豹熊鹿之类的野兽，虽多危险，却也是极好的武术训练。乾隆在这种生活环境中长大成人，当然能够得到很好的训练机会，从而成为一名善于骑马征战的武士，赳赳桓桓，雄伟壮健。但清朝的皇帝、皇子们虽多身体强健，却决无一人能如乾隆之寿至九十，而且垂老不衰，这就与个人的先天禀赋有关了。皇子们的先天禀赋，得自其母后母妃的遗传。出身富贵之家的妃嫔，不可能有强健的身体，而唯独乾隆例外，因为乾隆之生母并非一般出生于富贵之家的妃嫔，乾隆得天独厚之处，就在这里。

除上述之外，我国大名鼎鼎的台湾当代历史作家高阳先生也认为乾隆帝的生母是热河女子。高阳先生不仅以其历史小说名扬海内外，同时还以考据著称，因此，人们送给他"考据鼻""历史刑警"的美誉。高阳先生在1988年写成的《清朝的皇帝》中认可了庄练的考证，然后自己又举出两条证据，进一步确认乾隆帝的生母不是钮祜禄氏，而是热河行宫中一个叫作李金桂的宫女。

证据一：按照《大清会典》规定，身为皇子的亲王可封侧福晋四人，而雍亲王胤禛的侧福晋却只有年氏和李氏二人。如果钮祜禄氏确实在康熙五十年（1711）生下弘历，而且后来弘历还得到了康熙帝的赏识，那她就不应该也不可能被封为侧福晋，而其名号却一直还是"格格"，仍是低级侍妾的身份，直到雍正帝即位后才被封为熹妃。

证据二：在清代凡是妃嫔生子当上皇帝而被尊为皇太后的，上尊号的册文中必有"诞育"二字。而乾隆帝在给钮祜禄氏上皇太后尊号和徽号时，只用相当于抚养、养育的"鞠育"说法，始终不用"诞育"二字。

庄练和高阳两位大家为了说明乾隆帝不是钮祜禄氏所生，而是热河行宫女仆李金桂所生，指出皇宫中的玉牒①是经过篡改的。并且，高阳按照这种思路把它写进了《乾隆韵事》《曹雪芹别传》两本书中。其大概情节如下：胤禛在热河与李金桂"野合"后，被康熙帝知道，于是让李金桂在"草房"中生下弘历，并特批写入玉牒。即玉牒中原本应该写的是李金桂的名字，但康熙帝认为李金桂出身卑微，于是命令

---

① 玉牒，是皇家宗谱。"除宗人府衙门，外人不得私看，虽有公事应看者，应具奏前往，敬捧阅看。"

胤禛格格钮祜禄氏收养。胤禛怕自己与李金桂"野合"生下弘历的丑闻传播，总想篡改玉牒。但这件事很难做到，因为玉牒是要经过皇帝、宗人府、满汉大学士、礼部堂官、总裁官等审视的，并且还要写成两份副本，分别藏于北京的皇宫和盛京，原本则保留在宗人府。直到胤禛即位后的雍正十一年（1733），雍正帝才找到机会篡改玉牒。他派平郡王福彭担任玉牒馆总裁，福彭又派曹𫖮（曹雪芹的父亲）混入宗人府，把宗人府收藏的玉牒原稿内容篡改了。福彭立了大功，雍正帝授其官至定边大将军，入值军机处。这样，经过庄练、高阳这两位重量级人物的考证，使得乾隆帝出生在避暑山庄草房内的"秘闻"大有已成定论的架势。

然而，值得注意的是，高阳先生在写雍正帝篡改玉牒之事的时候，只是说把宗人府收藏的那份玉牒原本篡改了，并没有提及篡改放在皇宫和盛京的那两份玉牒。如果真是这样的话，那不就等同于没有篡改吗？所以，笔者认为，目前只能把高阳写的篡改玉牒那部分内容当作故事来看。

综观上述诸多说法，无论说乾隆帝的生母是热河宫女李金桂还是傻大姐，都与避暑山庄内那处不伦不类的"草房"有关。通过查找《热河志》等有关史料知道，避暑山庄内还真的有一座草房，其位置位于山庄西北部狮子岭下狮子园内。狮子园是山庄旁的一座花园，原名狮子沟花园，后来由康熙帝赐名"狮子园"，并于康熙五十一年（1712）赐予皇四子胤禛，作为其扈从山庄时的临时住所。此处亭台楼榭，山水林泉，景物天成。胤禛得此园后，在"待月亭"的东北方向，修建了三间简朴淡雅的草房，用以点缀园林景色和以示节俭。

狮子园之所以令人生疑，揣测臆断，无非由于狮子园景点虽多，但由皇帝亲题匾额的只有两处：一处是康熙帝所题的"乐山书院"，另一处则是雍正帝所题的"草房"。

对于草房是否与乾隆帝的出生有关，首先从时间上可以看出，乾隆帝生于康熙五十年（1711），而草房则是在康熙五十一年（1712）以后由胤禛修建的，难道乾隆帝当初是在还未建有草房的草地中降生的？降生以后，胤禛为了纪念和向后人宣传此事才特意建的草房？对此，不难想象，再傻的人也不会把自己不光彩的事情向外宣传并留有痕迹的，更别说修建一个让自己看着很闹心，还需要花钱维修的建筑。这种违背常理的行为常人尚且不为，更何况身份尊贵的亲王呢？

如果说雍亲王勾引宫女，这样的事情更不可能：身为雍亲王的胤禛即使有着豹子胆，他也是不敢这样做的。在清朝，皇子勾引宫女，必定会以秽乱宫闱论罪。当时诸皇子谋夺储位正处在紧要关头，皇太子被废了又立、立了又废，谁也不知道这皇太子的名号能不能落到自己头上。各皇子的党羽之间也正在寻嫌查隙，此时行为如有毫发差池的不检点，瞬间就会成为众矢之的，更不要说是在戒备森严的行宫、皇帝的眼皮子底下做这种见不得人的龌龊勾当。退一步说，如果胤禛真的喝了鹿血，无法泄欲，处于兄弟阋墙、骨肉相残的严峻形势下，老练聪慧的胤禛也断然不会做出"只图一时乐，换取一世悲"的举动。即使胤禛喝了鹿血后无法控制自己，但距离山庄最近的围场也有两百余里，胤禛不可能策马狂奔两百余里到山庄找女人发泄的。

既然以上说法不成立，那么草房的建立只能是美化环境和用以表示节俭了。

雍正帝的一生，尤其是做了皇帝之后，曾多次严禁奢侈，提倡节俭。所以在山庄自己的园子里建盖草房，这是出于"崇尚节俭，禁止奢侈"的考虑。众所周知，乾隆帝在历史上是一位比较奢侈的皇帝，乾隆三十二年（1767）曾翻修过草房，把茅屋改成瓦房，后来感觉违背了父意，很快又改回草房了。并作诗曰：

> 岩屋三间号草房，朴敦俭示训垂长。
> 偶来却愧茨茅者，岚霭情斯纳景光。

还有，高阳先生所说的两点证据也不是绝对的。

第一，亲王可封四位侧福晋，是在乾隆七年（1742）才有规定的，不仅雍正帝，就是乾隆帝自己做皇子时，也只有侧福晋两名，所以钮祜禄氏未被封为侧福晋也是有可能的。

第二，虽然钮祜禄氏后来的尊号、徽号里没有使用"诞育"二字，但在《高宗纯皇帝实录》关于孝圣宪皇后（钮祜禄氏）的记载中，则多次使用了"藐躬诞育""诞育帝躬"等说法。

不管怎样，对于乾隆帝身世的讨论，后来，由于史学家也加入其中，使得乾隆帝"龙凤交换"身世之谜成了研究史上最多的考证之一。

清末民初时，有一个叫天嘏的人写了一本《清代外史》，在书中较早地记述乾隆帝是被调换来的。到20世纪20年代，近现代作家许啸天在《清宫十三朝演义》中又再次编演出乾隆帝海宁认亲的情节，这就使得乾隆帝的身世之谜得以广泛传播。

素有"中国武侠小说宗师"之称的金庸先生，出于创作目的，根据传说写成了武侠小说《书剑恩仇录》，把此说法推向高潮，使得现在许多只知道读武侠小说、看武侠片的年轻人认定乾隆帝就是汉人之子。虽然金庸先生在写作之后，老老实实地告诉读者，乾隆帝为汉人之子的说法是靠不住的，这些情节只是他的杜撰而已。但对那些只顾看精彩情节的人来说，这些话等同于没说，他们将一些"杜撰"出来的传闻变换方式讲述为真实的，并言之凿凿提出了诸多证据和理由，比如说乾隆帝六下江南四次驻跸海宁陈家的私园"隅园"，这就是乾隆帝"探望父母"的影射；海宁陈家有御笔"爱日堂""春晖堂"，这是乾隆帝为怀念生身父母的表现；海宁陈家高官迭出，是雍正帝、乾隆帝的格外照顾等。

对于上述所谓的证据和理由，著名清史专家孟森先生曾给予反驳和纠正。他撰文指出，乾隆帝的六次下江南，是模仿皇祖康熙帝之举，但他的目的是游玩，不过是拿治理江浙水患做幌子而已。浙江海宁由于经常发生海潮之灾，那里也没有什么豪华的房舍，而海宁陈家世代为官，家境相对丰裕，也只有陈家"隅园"有条件能供乾隆帝驻跸。"爱日堂""春晖堂"两匾是康熙年间陈氏家族官运亨通时，陈元龙、陈邦彦向康熙帝求赐的两幅御笔，以向自己的父母示孝，与乾隆帝没有任何关系。至于说陈家高官迭出，受皇帝格外照顾，事实与传说恰好相反。在乾隆帝登基后不久，乾隆六年（1741），陈世倌就因为起草谕旨出错而被革职。乾隆帝还严厉斥责他"少才无能，实不称职"。如此一点不留情面，别说是传闻中的生父，就是对待普通前朝老臣也很少有这样峻厉的。乾隆帝虽然四次驻跸陈家"隅园"，但并未接见陈家的后人，就更谈不上有"升堂垂询家世"这样的事了。

事实上，秘闻及小说作者关于雍正帝为了在储位争夺中抢得上风，从而做出"龙凤交换"冒险举动的说法是很不靠谱的。因为，根据清朝皇室的玉牒记载，弘历降生时，胤禛三十三四岁，正当壮年，虽然第一子和第二子已经夭折，但第三子弘时已经八岁了，并且他的格格耿氏也已怀孕，即将生育。他完全没必要拿自己的女儿去换别人的儿子以有利于皇位继承权的争夺，更何况还是汉人的孩子。而且，胤禛的第三女、第四女分别出生于康熙四十五年（1706）和康熙五十四年（1715），与弘历出生年份康熙五十年（1711）也不一致，根本无法用她们去做"龙凤交换"。再者，没有胤禛的同意，他的王妃也不敢私自偷换他人之子。另外，按清制规定，遇有皇孙诞生，王府要立即差派人员，先到内奏事处口头上报，再由宗人府专门写折子奏报皇上，以备命名。怎么可能等上几天甚至几月还没有申报呢？如果雍亲王府已经按制按时申报新生儿生辰和性别了，又怎么可能过了一个月把孩子的性别从女又改为男呢？综上所述，足以证明传闻的荒诞。

至于乾隆帝穿汉人服装之事，确有此事。但这只是他从小饱受汉族文化熏陶、极度尊崇汉族文化的表现而已。遍查清宫记载，不仅乾隆帝穿戴过汉装，其他皇帝和后妃也有穿过。至今故宫博物院还完好

孝圣宪皇后半身像

地保存着他们穿过的汉装和身着汉装的画像。仅凭服饰就判断其民族的种属，显而易见是过于武断了，不足以服人。

不过这也说明，乾隆帝既非热河宫女李金桂、傻大姐或村姑所生，也不是海宁陈氏之子，只能是清宫档案里所说的"钮祜禄氏"之子，生于雍亲王府邸。

据《清史稿·后妃列传》上对乾隆帝的生母钮祜禄氏的记载：

孝圣宪皇后钮祜禄氏，四品典仪凌柱女。后年十三，事世宗潜邸，号格格。康熙五十年八月庚午，高宗生。雍正中，封熹妃，进熹贵妃。高宗即位，以世宗遗命，尊为皇太后，居慈宁宫。高宗事太后孝，以天下养，惟亦兢兢守家法，重国体。太后偶言顺天府东有废寺当重修，上从之。即召宫监，谕："汝等尝侍圣祖，几曾见昭圣太后当日令圣祖修盖庙宇？嗣后当奏止。"宫监引悟真庵尼入内，导太后弟入苍震门谢恩，上屡诫之。上每出巡幸，辄奉太后以行，南巡者三，东巡者三，幸五台山者三，幸中州者一。谒孝陵，狝木兰，岁必至焉。遇万寿，率王公大臣奉觞称庆。乾隆十六年，六十寿；二十六年，七十寿；三十六年，八十寿：庆典以次加隆，先期日进寿礼九九，先以上亲制诗文、书画，次则如意、佛像、冠服、簪饰、金玉、犀象、玛瑙、水晶、玻璃、珐琅、彝鼎、瓷器、书画、绮绣、币帛、花果，诸外国珍品，靡不具备。太后为天下母四十余年，国家全盛，亲见曾玄。四十二年正月庚寅，崩，年八十六。葬泰陵东北，曰泰东陵。初尊太后，上徽号。国有庆典屡加上，曰崇德慈宣康惠敦和裕寿纯禧恭懿安琪宁豫皇太后。既葬，上谥。嘉庆中，再加谥，曰孝圣慈宣康惠敦和诚徽仁穆敬天光圣宪皇后。子一，高宗。

通过以上记载可知，乾隆帝为钮祜禄氏所生。钮祜禄为满洲八大姓氏之一。据清皇室玉牒记载，钮祜禄氏即"原任四品典仪官、加封一等承恩公凌柱女"，清朝开国元勋额亦都的曾孙女。这种说法已是清史研究者和专家一致公认的定论。

然而，又有人对此提出异议，并提出了新的观点。他们认为，乾隆帝的生母是钮祜禄氏，但不是清朝开国元勋额亦都的曾孙女，而是额亦都的叔伯弟弟额亦腾的曾孙女。持这种说法的主要有张采田先生，他在《清列朝后妃传稿》中叙述他是在查阅"钮祜禄氏"家系资料时发现这一线索的。而张采田先生提出的这一论点又被郭成康、郑宝凤所写的《大江涌：乾隆家世之谜》一书采用。姜相顺、李海涛主编的《大清皇室史轶》中的《重仁孝优礼太后》一文也持这种观点，说乾隆帝生母钮祜禄氏的父亲是凌柱，祖父是吴禄，曾祖父是额亦腾；额亦都的儿子是遏必隆。吴禄与遏必隆为同一曾祖，镶黄旗满洲人。

其实，在清朝官方记载中也称乾隆帝生母的祖父是吴禄，曾祖父是额亦腾。

笔者在雍正十三年（1735）十一月十三日的《高宗纯皇帝实录》上发现有一条这样的记载：

> 大学士等议奏：崇庆皇太后曾祖父额宜腾、祖父吴禄，俱追封为一等公；妻俱追封公妻一品夫人；父现任四品典仪官凌柱，

封为一等公；妻封为公妻一品夫人。世袭罔替从之。

上述记载中的崇庆皇太后即乾隆帝生母孝圣宪皇后钮祜禄氏，额宜腾即额亦腾。

额亦都与额亦腾虽一字之差，但这使乾隆帝生母钮祜禄氏的祖父和出身发生了巨大的变化。额亦都是开国元勋，而额亦腾则是无功无职的"白丁"，并且钮祜禄氏的祖父吴禄、父亲凌柱也是"白丁"。

虽然钮祜禄氏的家族也是属于满洲"八大家"之一，但到了她父亲这一代已家道没落，与普通平民无异，其父官位也不高，家里并不富裕，长相也属一般。但即使这样毕竟也是"八大家"中的人，她十三岁的时候，被康熙帝赐给当时的皇四子贝勒胤禛做"格格"。那时的胤禛已有嫡福晋乌拉那拉氏、侧福晋年氏和李氏，当时的钮祜禄氏只不过是一个格格，即低级侍妾。康熙四十九年（1710），钮祜禄氏十八岁时，因已晋封为雍亲王的胤禛得了传染病，别的福晋都不愿亲自侍候，她便"奉妃命"日夜服侍胤禛，尽心尽力。两个月后，胤禛的病好了，服侍他的钮祜禄氏也怀孕了，第二年便生下了弘历。

虽然为雍亲王胤禛生下了儿子，但因为雍亲王当时已有好几个儿子，他们生母的地位都比较尊贵，弘历也不是长子，所以钮祜禄氏的地位并不是特别的突出。在胤禛当了皇帝后，她才被封为熹妃；当她的儿子弘历被秘密立为皇储时，"母以子贵"，她的地位才突然上升到第二位，仅次于原配乌拉那拉氏（孝敬宪皇后）。乌拉那拉氏死后，钮祜禄氏位居后宫首位。雍正帝死后，乾隆帝即位，尊她为皇太后。她在乾隆朝又活了四十二年，八十六岁去世。

钮祜禄氏虽出身寒微，但品质优秀，五官端正，身材高大，体魄强健，这是因为她小的时候就操持家务，身体得到很好的锻炼，于是这给她的儿子乾隆帝带来了某些特殊的遗传。因此，当康熙帝听说钮祜禄氏与一般的皇子侍妾不同时，在一次秋狝之后，曾专程来到热河的狮子园相看，见钮祜禄氏"容体端顾"后，连声称道"有福之人！有福之人！"。因为选入后宫的女人大多为"名门淑女"，从未参加过体力劳动，身体未得到过锻炼，所以大多数都弱不禁风。乾隆帝的生母钮祜禄氏身体素质好，儿子的健康相对也有保障。

近年来，又有一些清史专家提出乾隆帝的生母不姓"钮祜禄"，而是姓"钱"，其依据是来自清宫的一份《上谕档》：

> 雍正元年二月十四日奉上谕：遵太后圣母谕旨："侧福晋年氏封为贵妃，侧福晋李氏封为齐妃，格格钱氏封为熹妃，格格宋氏封为裕嫔，格格耿氏封为懋嫔。"该部知道。

熹妃是乾隆帝的生母已毫无疑问，而熹妃是由格格晋封的，也是众所公认的。这位升为熹妃的格格在最为权威的清宫档案《上谕档》里却白纸黑字地写着姓"钱"。而且，在清人萧奭所编、成书时间晚于《世宗宪皇帝实录》的《永宪录》卷二中也是这样记载的：

> 雍正元年十二月丁卯（二十二日）午刻，上御太和殿。遣使册立中宫那拉氏为皇后。诏告天下，恩赦有差。封年氏为贵妃，李氏为齐妃，钱氏为熹妃，宋氏为裕嫔，耿氏为懋嫔。

但是，在其他一些档案里又记载熹妃为钮祜禄氏，如《清史稿·后妃列传》上有如下记载：

> 孝圣宪皇后，钮祜禄氏……康熙五十年八月庚午，高宗生。雍正中，封熹妃……

还有，《世宗宪皇帝实录》里也有记载，雍正元年（1723）二月十四日，谕礼部："奉皇太后圣母懿旨：侧妃年氏，封为贵妃；侧妃李氏，封为齐妃；格格钮祜禄氏，封为熹妃；格格宋氏，封为懋嫔；格格耿氏，封为裕嫔。尔部察例具奏。"

按理，档案记载应该是不会写错的，也是史学研究最直接的依据。于是，上述档案又再一次让我们陷入新的困惑：如果上述档案记载都是准确无误的话，那么，乾隆帝的生母到底是姓"钱"还是姓"钮祜禄"？是从何时由姓"钱"改为姓"钮祜禄"的？虽然现在大多数专家认为乾隆帝生母应该是姓"钮祜禄"，但至今还存在较大争议，仍是一个众说纷纭的未解之谜。

乾隆帝身世的争执，一方面在很大程度上反映了当时人们反清的情绪，另一方面也说明乾隆帝的身世确实有值得怀疑的地方。因此，围绕乾隆帝的出身问题，产生了那么多的故事。

二、鹤立鸡群的童年

乾隆帝是雍正帝的第四子，名叫"弘历"。若按照雍正帝所生儿子排行来说，弘历排名老五，序齿排行为老四。弘历出生后，虽然贵为亲王之子，但其处境并不是很好。为什么这样说呢？可以从以下三个方面分析得出结论。

首先，他的生母当时只是一个没有封号的、非正式的低级别小妾——侍妾"格格"。子以母贵，按照清制规定，他只能封为宗室封爵第八个等级的辅国将军，比亲王的嫡子所封爵位低了六个等级。

其次，弘历共有四个兄长、五个弟弟，长大成人者有三人，即三哥弘时、五弟弘昼、六弟弘瞻。按照中国"皇帝爱长子，百姓爱幼儿"的传统说法，弘历既不是长子，也不是幼子，其地位比较尴尬。

最后，与同辈兄弟相比，弘历的生母身份较低，自然自己的地位也没有优势。

因此，幼年的弘历在康熙帝众多的皇孙当中，只是一个很普通的小皇孙而已。然而，就是这个出身并不高贵的小皇孙，凭借其自身的天资和努力，在成长的岁月中脱颖而出，逐渐展露出他非凡的睿智，并博得祖父康熙帝的赞赏和喜爱，也获得了皇父雍正帝特殊的宠爱和器重。康熙帝和雍正帝这两个人可以说是决定弘历的地位和命运的最关键的人物，能获得他们的宠爱和支持，那就意味着弘历的前途不可估量，日后必定登峰造极。

那么，年幼的弘历是如何获得祖父康熙帝的称赞和喜爱的呢？

原来，弘历六岁开始上学，他的天资聪颖很快表现出来，读书过目成诵，学业进步很快，由此获得了父亲雍亲王的喜爱，并有意将他推荐给康熙帝。康熙六十一年（1722）三月，雍亲王胤禛两次邀请康熙帝到圆明园观赏牡丹，一次是十二日，一次是二十五日。在圆明园的牡丹台（乾隆朝改名为"镂月开云"），通过雍亲王的引荐，康熙帝见到了这个不到十二岁的小皇孙弘历，格外喜爱，当知道这个小皇孙喜好读书时，更是欣喜，于是谕命养育于皇宫中，即"命宫中养育，抚视周挚，备荷饴顾恩慈"，由孝懿仁皇后之妹贵妃佟佳氏及和妃瓜尔佳氏抚养。弘历能享受到如此待遇，这是其他皇孙所无法企及的。对此，乾隆帝曾这样回忆：

> 康熙六十年，予年十一，随皇考至山庄内观莲所廊下，皇考命予背诵所读经书，不遗一字。时皇祖近侍，皆在旁环听，咸惊颖异。

《圆明园·镂月开云》

由此可见，只有十一岁的弘历能"熟读诗、书、四子书，背诵不遗一字"，其聪慧已显露无遗。

弘历住进毓庆宫，开始了他的皇宫读书生活。这期间，他除了受到更为良好的文化教育，还与康熙帝的二十一子——贝勒允禧学习骑射，与康熙帝的十六子——庄亲王允禄学习火枪火器。在南苑行围，弘历用火枪一枪就命中百步之外的一只绵羊；在行宫再次表演火枪，由于这次装的火药较少，打出去的枪子落地后居然弹起也能命中数十米远的靶心。这令康熙帝更加喜爱弘历，特地赏赐弘历一支旧的准神枪。

康熙六十一年（1722）秋天，弘历跟随康熙帝到承德避暑山庄，住在"万壑松风"内读书。康熙帝亲自给弘历授课，教他读书，讲解文义，即"亲授书课，教牖有加"，并以宋朝周敦颐的《爱莲说》考查他。弘历不仅能熟练背诵，还能解释贯通全文。对此，弘历在《荷》诗中写道："忆幼龄经读爱莲，濂溪义解圣人前。"诗后注释说："时扈从皇祖来山庄，曾于观莲所命诵《爱莲说》，并陈义解，皇祖深喜之。"一次，弘历见康熙帝亲洒翰墨，他在旁边窃视，无比仰慕，却不敢请求有所赐予。康熙帝见此，猜透他的心思，不仅赐给他长幅御笔一幅，还赐予他横幅御笔一幅、御笔扇子一把。这些都令弘历倍感高兴，并将此事告知父亲雍亲王。又有一次，弘历正在"万壑松风"读书，忽见康熙帝的龙舟停泊在晴碧亭，听到祖父呼唤自己的名字，他立刻顺着岩壁快速向湖边跑去，康熙帝怕他蹉跌损伤，连忙告诉他不必着急，高呼道："勿疾行，恐致蹉跌！"由此可见，康熙帝对弘历是关心备至、爱护殊常的。康熙六十一年（1722）七月二十日，康熙帝应雍亲王胤祺的邀请，到避暑山庄狮子园游玩、进膳，特命雍亲王嫡福晋乌拉那拉氏率弘历生母钮祜禄氏前来拜觐。康熙帝见到钮祜禄氏后特别高兴，连连称赞钮祜禄氏是"有福之人"。弘历跟随康熙帝到木兰围场，行围前康熙帝令弘历表演射箭，弘历连射五箭皆中靶心，获得康熙帝不断赞扬，并得到"蒙赐黄褂"的奖赏。进入永安莽喀围场后，康熙帝用枪击倒一头熊后，令侍卫引导弘历亦射之，意在取初次行围获得猎熊的美名和吉兆，借此对弘历进行特殊培养。不料当弘历刚坐在马背上，被击倒的黑熊却突然站起来，众人都大惊失色，可十二岁的弘历表现得很是镇定，毫不惊慌，控辔自若，驰马奔驰，避开黑熊。康熙帝借此机会赶紧再次发虎枪将熊击毙。这场虚惊之后，回到武帐中休息时，康熙帝深有感触地对身边的和妃瓜尔佳氏说："伊命贵重，福将过予。"意思是说，这个孩子是贵人命，将来福气会超过我的。又一日，侍卫人员报告围场里发现虎，康熙帝命二十一皇子允禧前去猎取。在一旁的弘历也奏请前往，康熙帝说："汝不可去，俟朕往之日携汝去耳。"言语和行为之间都是爱护备至，体贴入微。

清嘉庆年间，礼亲王昭梿在其所著《啸亭杂录》中记载《圣祖识纯皇》一文，专门讲述了幼年的弘历深得康熙帝厚爱这件事情：

纯皇少时，天资凝重，六龄即能诵《爱莲说》。圣祖初见于藩邸牡丹台，喜曰："此子福过于余。"乃命育诸禁庭，朝夕训迪，过于诸皇孙。尝扈从之木兰，圣祖枪中熊仆，命纯皇往射，欲初围即获熊之名耳。纯皇甫上马，熊复立起，圣祖复发枪殪之。归谕诸妃嫔曰："此子诚为有福，使伊至熊前而熊立起，更成何事体？"由是益加宠爱，而燕翼之贻谋因之而定也。

因此，也有后人认为，康熙帝对弘历的喜爱必然会影响康熙帝择立嗣君问题。其中，《朝鲜李朝实录中的中国史料》中有这么一条记载，康熙帝临终前，对阁老马齐说："第四子雍亲王胤禛最贤，我死后，立为嗣皇；胤禛第二子（弘历）有英雄气象，必封为太子！"

康熙帝对弘历这么喜爱，雍亲王也必然格外宠爱他，他在雍亲王府的地位从而迅速提高，远远高于其他兄弟，只不过他的生母依旧还是侍妾的身份——格格。直到雍亲王登基当上皇帝后，弘历的生母才被册立为熹妃。雍正元年（1723）八月，弘历被秘密立为皇太子，这个秘密被密封十三年，直到雍正帝驾崩后才被揭开。

三、封存十三年的秘密

雍正十三年（1735）八月二十二日，雍正帝感到身体不适，病倒在圆明园，皇四子宝亲王弘历、皇五子和亲王弘昼在雍正帝身边侍候。

当天戌时，雍正帝的病情加重，召庄亲王允禄、果亲王允礼，大学士鄂尔泰、张廷玉，领侍卫内大臣公丰盛额、讷亲，内大臣户部侍郎海望至寝宫前。此时雍正帝已经不能言语，生命随时都有可能终止。"国不可一日无君"，在这决定皇位大统的紧急时刻，张廷玉对鄂尔泰说有雍正帝亲书的密旨，除了他们俩，没有其他人知道，现在应该请出收藏在圆明园的这道密旨，"以正大统"。总管太监不知道密旨放在何处，张廷玉提示说："当日密封之件，谅亦无多，外用黄纸固封，背后写一'封'字者，即是此旨。"找到密旨后，鄂尔泰、张廷玉恭捧雍正帝在十三年前御笔亲书的这道密旨，密旨上书写着"命皇四子弘历为皇太子即皇帝位"。已是皇太子的弘历宣读雍正帝的最后一道谕旨，谕旨是令庄亲王允禄，果亲王允礼，大学士鄂尔泰、张廷玉辅政弘历。二十三日子刻，雍正帝驾崩。

二十三日寅时，弘历进入紫禁城，内侍将雍正元年（1723）缄藏于乾清宫"正大光明"匾后的另一道密旨封函恭恭敬敬地取下，恭送捧至弘历面前，弘历待庄亲王允禄、果亲王允礼，大学士张廷玉、鄂尔泰等人都到达乾清宫后才打开密旨封函。至此，封存了十三年的立储遗诏的秘密完全揭开。当时，雍正帝的立储密旨写了两份，一份藏于乾清宫，一份藏于圆明园，两份密旨内容相同。弘历见密旨之上自己的名字由雍正帝御笔书写，心中又喜又悲，伏在地上顿时大声哭泣，发自内心地感恩自己的皇父。庄亲王允禄等人奏请止哀，并宣读了雍正帝的这道密旨遗诏：

宝亲王①皇四子弘历秉性仁慈，居心孝友。圣祖皇考于诸孙之中最为钟爱，抚养宫中，恩逾常格。雍正元年八月，朕于乾清宫召诸王满汉大臣入见，面谕以建储一事。亲书谕旨，加以密封，收藏于乾清宫最高处，即立弘历为皇太子之旨也。其仍封亲王者，盖令备位藩封，谙习政事，以增广识见。今既遭大事，著继朕登基，即皇帝位。

---

① 此密旨遗诏后经修改，故有"宝亲王"之称。

宝亲王弘历画像（藏于美国大都会博物馆）

雍正帝的这道密旨解决了两个问题：

1.解释了立弘历为皇太子即皇帝位的原因。是因为弘历性格仁慈，"居心孝友"；还因为弘历是康熙帝最喜欢的皇孙，曾抚养于宫中。

2.还解释了弘历既为储君还被封为亲王的原因，是为了让弘历有爵位后更便于参与政事，增长才干。

雍正十一年（1733）二月初七日，弘历被封为和硕宝亲王。之后，雍正帝不仅命其年年代祀北郊，还令其了解用兵准噶尔的军机要务，并与果亲王允礼等人直接参与处理涉及苗疆"改土归流"政策事宜。雍正帝让弘历参与国家大事即古礼所说的"国之大事，在祀与戎。"

按清朝制度，皇子十五岁即可奏请封爵，有时也可以延长五年再奏请。弘历十五岁的时候，他的父亲雍正帝已经即位两年，按理说他可以奏请封王。可是那时他已经被秘密立为皇太子，他的弟弟弘昼比他小三个半月，尚未封王；而大他七岁的弘时[①]也没有封爵，并早在雍

---

① 弘时，雍正帝第三子，康熙四十三年（1704）二月十三日子时生，母齐妃李氏，知府李文辉之女。有一子名"永珅"，四岁卒，无嗣。胤禛即位后，弘时虽已娶（接下页）

正五年（1727）就因"年少放纵，行事不谨，削宗籍死"。

在弘历封为和硕宝亲王之前，雍正帝之所以没有封弘历等兄弟爵位，就是为了不引起众人的关注，让弘历以读书为主，与其他兄弟过着相同的皇子生活，在这段时间对他进行深入的考察和培养。当然，做这一切是需要一定时间的。因此，早有这样心理准备的雍正帝于雍正元年（1723）八月十七日，将总理事务大臣、满汉文武大臣、九卿召集到乾清宫西暖阁，向他们正式宣布秘密立储之旨：

> 今朕特将此事亲写密封，藏于匣内，置之乾清宫正中世祖章皇帝御书"正大光明"匾额之后，乃宫中最高之处，以备不虞。诸王大臣咸宜知之。或收藏数十年，亦未可定。

然后，雍正帝令其他诸臣退下，只留总理事务王大臣，他手写立储谕旨，封于锦匣之内，藏于乾清宫"正大光明"匾额之后。

所谓的秘密立储，就是在皇帝生前照样确定皇太子，只不过不告诉大家谁是皇太子，皇帝把亲自密书皇太子名字的"御书"藏在一个小匣子里，然后密封，藏在乾清宫内最高处的"正大光明"匾的后面。在皇帝临死前，再由御前大臣、军机大臣等共同打开匣子，取出"御书"，共同观看，由"御书"上所指定之人即皇帝位。在公布皇太子之前，因为没有人知道谁被秘定为皇太子，所以被暗定为皇太子的皇子

妻生子，但并未分府别居，而是在宫中居住。雍正三年（1725）被逐出宫廷，令为康熙帝皇八子廉亲王允禩之子；雍正四年（1726）二月十八日被撤黄带（逐出宗室），交与镇国公允祹（康熙帝十二子，自幼为苏麻喇姑抚养），令其约束养赡。雍正五年（1727）八月初六日申时，弘时郁郁而终，卒年二十四岁。

乾清宫"正大光明"匾后藏有立储密匣

与其他皇子一样，享受相同的待遇和生活。而雍正帝所立的储君就是皇四子弘历。

雍正元年（1723）八月，除了早殇的皇子，雍正帝还有四个皇子：二十岁的皇三子弘时、十三岁的皇四子弘历、十二岁的皇五子弘昼、未齿序的三岁幼子福惠。当时，四个皇子的生母都还没有被正式册封。皇三子弘时的生母是原藩邸侧福晋李氏，在雍正帝存活下来的皇子中，弘时实际也排行最大；福惠的生母是原藩邸的侧福晋年氏、雍正帝的宠臣年羹尧的妹妹，福惠是当时雍正帝最小的儿子，雍正帝宠爱年氏，她的儿子自然也很受宠爱。

那么，在这四个皇子中，雍正帝为什么没有选择年长的弘时，也没有选择年幼的福惠，而偏偏选择年仅十三岁的弘历为皇储呢？

究其原因，雍正帝虽然是一位严厉的皇帝，但也是一位理性的皇帝。在他看来，江山社稷比什么都重要，选择一位对大清江山有作为的储君，绝对不能感情用事，因此他对这件事情的处理要严谨、仔细、认真、负责。从历史的观点来看，雍正帝的性格、人品、修养和弘历的天资与才能，是弘历能当上储君的重要因素。弘历当储君之前很多优秀的表现，都令雍正帝满意，而且弘历还曾受到康熙帝的格外喜爱。由于以上原因，以至于弘历被秘密立为储君后，雍正帝的多次举动都无意间泄露了自己定下的"天机"。这些举动主要表现在以下三个方面：

1.雍正元年（1723）十一月十三日，康熙帝一周年忌辰时，雍正帝派十三岁的弘历到康熙帝的景陵代致祭。这是一个意味深长的举动——当今皇帝派遣未来皇帝向先帝致祭。这表明储位已有所属，借此请求先帝保佑。

2.雍正八年（1730）六月，雍正帝身体不适，特意将弘历、弘昼、庄亲王允禄、果亲王允礼及大学士、内大臣等数人入见，面谕遗诏大意。这件事情记载于雍正帝的泰陵圣德神功碑碑文之上。当时的弘历应该能猜出自己的身份是皇太子了。

3.雍正八年（1730）秋，二十岁的弘历将自己十四岁以来所写的诗文及与师傅们研究经史的论、说、制、义等文章，精心挑选汇编成一册，以自己的书斋"乐善堂"的名字取名为"乐善堂文钞"。雍正帝不仅允许这部《乐善堂文钞》出版，还特意令近臣戴临等人精抄了十四位作者为这部书写的序言，共计一套十四册，称为"庚戌文抄本"。由此可见，雍正帝为以后即皇帝位的储君编汇的《乐善堂文钞》问世而大造声势，其态度是支持和承认的。

事实上，雍正帝立弘历为储君，并没有看走眼，弘历没有辜负皇父的培养、期望和重托。举例有二：

例一：雍正三年（1725），雍正帝治罪年羹尧，年仅十五岁的弘历就年羹尧的治罪及抄家问题挺身而出，力排众议，冒死为年羹尧求情开恩免其死罪，并直言利弊，请求革除苛刻抄家的弊政。虽然当时没有起到任何作用，但其胆魄和精神是非常难能可贵的，也因此获得了雍正帝的赏识，后来下谕旨称赞他"仁贤"。

例二：在处理苗疆事务上，弘历反对放弃对苗疆的"改土归流"。他认为如果放弃苗疆的"改土归流"，不仅贵州将减少一半的辖地，即大约八万平方公里版图，还有可能产生连锁反应，那些已经"改土归流"省份的少数民族地区，势必发生变乱，这将影响大清江山的稳固。因此，弘历上谏陈述不能停止苗疆的"改土归流"，不能放弃苗疆，雍正帝最终采纳了他的意见。

由于弘历是雍正帝所立的皇太子，因此，弘历是法定的皇位继承人。所以，当雍正帝死后，弘历如期当上了皇帝。雍正十三年（1735）八月二十八日，总理事务王大臣议奏，九月初三日吉期即位，建号次年为乾隆元年（1736）。

雍正十三年（1735）九月初三日，皇太子弘历在太和殿举行登基大典，正式即皇帝位，是为乾隆帝。

《高宗纯皇帝实录》记载：

> 上生而神灵，天挺奇表。殊庭方广，隆准颀身，发音铿洪，

举步岳重,规度恢远,巍然拔萃。

作为一代帝王,即位后的乾隆帝被描述得如同天神:神一样的智慧,强壮的身体,洪亮的声音,巨人般的威严。

第二章 乾隆帝死后也奢华

八十五岁的乾隆帝,将皇帝宝座让给自己的儿子颙琰,自己当上了太上皇帝。可他让位不让权,继续把持着朝政。他八十九岁的时候,生命走到尽头,无比眷恋地告别了人世。他生前荣耀,死后也极其风光。死后的乾隆帝不仅衣着富贵豪华,他的儿子还送去了大量的皇家物品以供他在阴间继续享用,他的"阴宅"更是陈列了大量人间珍宝。

一、禅位归政

嘉庆元年（1796）正月初一日，古老的北京城沉浸在一片喧闹声中，紫禁城内外更是异常繁忙。中国历史上最后一次父传子的禅位仪式正在进行，这也是清朝历史上唯一的一次皇位授受大典。

整个大典仪式以紫禁城的太和殿为中心。只见太和殿前、太和门外陈设着卤簿、步辇，午门外设置五辂、驯象、仗马、黄盖及云盘等。中和韶乐、丹陛大乐即导迎乐曲齐备，分别设于太和殿前檐下及太和

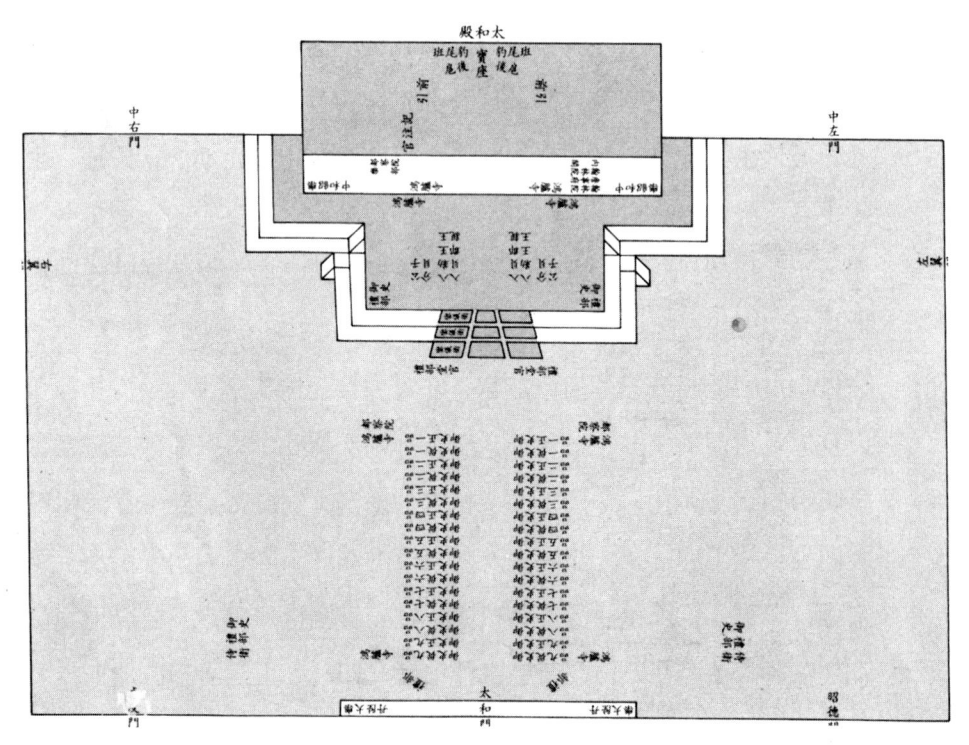

朝会时各执事官员和朝拜官员各有规定的位次，等级森严

门之内、午门之外。太和殿内陈放着拜褥、诏案、表案，上面摆放着传位诏书及群臣贺表。御座左边的桌几上摆放着从乾清宫恭请的象征国家权力的"皇帝之宝"大印。大学士二人立于殿檐下，内外王公及文武百官在殿外集合并有序地排列着，朝鲜、安南等外国使臣排列在后面，静候太上皇帝和嗣皇帝的到来。

典礼共分两部分进行。第一部分是太上皇帝与嗣皇帝之间授受"皇帝之宝"大印仪典。嗣皇帝嘉庆帝先陪太上皇帝乾隆帝到奉先殿（清皇室祭祖的家庙）、堂子（清皇室祭神的场所）两处行礼，祭拜和通告祖宗、天地，随即回宫更换朝服，再到乾清宫恭请太上皇帝乾隆帝启驾。在中和韶乐"元平之章"的乐曲声中，太上皇帝乾隆帝在太和殿就座，台阶下鸣放鞭炮三次，奏起丹陛大乐，嗣皇帝嘉庆帝先在殿内西向站立，再由礼部堂官引导至殿中行跪拜礼处。这时鼓乐齐鸣，所有文武官员在殿内下跪，宣表官跪着展开并宣读传位诏书。随后，大学士二人恭敬地引导嗣皇帝嘉庆帝来到太上皇帝乾隆帝御座前俯伏跪地，由太上皇帝乾隆帝亲自授给嗣皇帝嘉庆帝"皇帝之宝"大印，嗣皇帝嘉庆帝下跪接受。随后，嗣皇帝嘉庆帝率领群臣再向太上皇帝乾隆帝行三拜九叩大礼，台阶下鸣放鞭炮三次，奏响中和韶乐"和平之章"，恭送太上皇帝乾隆帝起驾回乾清宫，在宫内接受内庭主位、公主、福晋以及未受封爵的皇孙、皇曾孙、皇玄孙的庆贺礼。第二部分是嗣皇帝嘉庆帝的登基典礼，并接受文武百官的朝贺。嗣皇帝嘉庆帝在保和殿暖阁更换礼服后，在礼部堂官及内大臣的簇拥下来到太和殿坐上金龙宝座，鸣鞭、奏乐和授受典礼相同，宣表官宣读贺表，王公以下官员及外藩各国使臣在殿前向新皇帝行三跪九叩礼，大学士恭敬地把传位诏书放在丹陛所设黄案之上，众大臣再行三叩礼。跪拜礼成后，嘉庆帝回宫。众大臣则来到天安门前依次排列，然后，鸿胪寺官员登上天安门城楼，恭读太上皇帝乾隆帝的传位诏书，众大臣下跪，山呼万岁，登基大典完成。历史上新的一天开始了，乾隆帝从这一天便开始了他的太上皇帝生活。

这就是中国封建历史上发生的一起平和却重大的政治事件。在位六十年、年已八十五岁高龄的乾隆帝实行禅让，将皇帝宝座传给了皇十五子颙琰，乾隆帝则称为"太上皇帝"。用乾隆帝自己的话来讲，他鉴于祖父康熙帝在位六十一年驾崩，以不超越祖宗和不功高盖祖为名才禅让的，实则主要是为了祈求长寿。雍正十三年（1735）九月，乾隆帝在举行即位大典时就有这样的念头，他在焚香告天时曾说："昔皇祖御极六十一年，朕不敢相比，若上天眷佑，至乾隆六十年朕寿至八十五，即当传位皇子，归正退闲。"其祖父康熙帝八岁即位，在位六十一年，终年六十九岁，在以往历代帝王中已属高寿。而乾隆帝二十五岁登基，六十年后已达八十五岁高龄。因而，我们不难猜想：乾隆帝虽然在口头上表示自己不敢追攀皇祖在位六十一年之数，但其心中所希望的则是在寿数上高于祖父康熙帝，使自己以后的寿数无论是在实质上还是形式上都更加完美。

嘉庆帝像

古稀天子之宝

乾隆四十五年（1780），七十大寿时，乾隆帝给自己取了一个最得意的美称，即"古稀天子"，以至"古稀天子"之印成为乾隆帝晚年最得意的御宝。乾隆帝认为，大清帝国能够"国运之正、扩土之广、臣服之普、民庶之安"，那都是自己"文治武功"下的政绩。

乾隆帝的"文治"表现于他在政治、经济上的作为和文化上的贡献。即位初期，乾隆帝在政治上矫正其祖宽父严的弊端，实行"宽严相济"政策，整顿吏治，拟定各项典章制度，优待士人，安抚雍正朝受打击的宗室；经济上奖励垦荒，兴修水利，发展商业，全国呈现出一派繁荣昌盛之势。乾隆帝饱读汉学，学识渊博，儒雅风流。他通晓满、汉、蒙、藏、维吾尔、安多（四川西部的方言藏语）等五种语言和文字，一生著文吟诗，编成《御制文初集》《御制诗初集》等集，共收录诗作四万一千八百六十三首，如果加上他当皇子时的《乐善堂全集》诗作，总计五万余首,其中不乏具有历史价值的佳作。相对于"文治"来说,乾隆帝的"武功"则表现在他是一位杰出的军事指挥家,利用清朝强大的军事力量和少数民族之间的隔阂,他曾两次平定西北的蒙古准噶尔部,一次平定新疆回部大小和卓叛乱,两次征服西南的大小金川,一次镇压台湾林爽文起义,一次出征缅甸,一次出征越南和两次出征廓尔喀(今尼泊尔境内)。乾隆五十七年

乾隆帝朝服半身像

(1792)十月初三日,八十二岁的乾隆帝亲撰《御制十全记》,用以记述自己一生十全武功的政绩,并自诩为"十全老人"。

由于是禅让皇位,自己当太上皇帝,一些日后的行为准则规矩还是需要用法律形式给予确定的。乾隆六十年(1795)十月十八日,乾隆帝升座勤政殿,召集皇子、皇孙及王公大臣议事,正式宣布皇十五子颙琰为皇太子,定次年为嘉庆元年(1796)。册立皇太子典礼尚未举行,归政嗣皇帝的典礼还需要"军机大臣会同各衙门条议以闻"。同时,乾隆帝又规定:

> 朕归政后,应用"喜"字第一号玉宝,镌刻"太上皇帝之宝"玉册,即将御制"十全老人之宝说"镌刻,作为太上皇帝宝册。

根据乾隆帝的谕旨,军机大臣很快就拿出了归政后"所有各该衙门、并各直省应行遵办各事宜"新办法,上奏乾隆帝:

1.明年归政嗣皇帝登基,颁发传位诏书一道,钤用"太上皇帝之宝",次用"皇帝之宝"。所有恩诏条款,一体叙入。

2.太上皇帝谕旨称为"敕旨"。

3.太上皇帝仍称"朕"字。

4.明年太上皇帝起居注、嗣皇帝起居注,交该衙门敬谨分纂。

5.题写公文时,凡遇"天、祖"等字,高四格抬写;"太上皇帝"高三格抬写,"皇帝"高二格抬写。

6.恭遇太上皇帝庆节称"万万寿",嗣皇帝庆节称"万寿"。

7.恭遇太上皇帝万万寿庆节及元旦、冬至令节贺表,嗣皇帝万寿庆节及令节贺表,俱由内阁撰拟表式,一体颁发遵照。

8.明年恭进列祖、列宗实录,交内阁循照向例,按期于嗣皇帝前恭进。

9.丙辰年恭遇大祀,由各该衙门具题,嗣皇帝亲诣行礼。其中祀小祀应行分别亲诣恭代之处,俱循照向例题请。

10.经筵、耕耤、大阅、传胪各典礼,届期由各该衙门奏请嗣皇帝循例举行。

11.恭遇太上皇帝万万寿庆节令辰,一切典礼应用乐章,另行恭拟,交乐部遵用。

12.恭遇太上皇帝、嗣皇帝庆节令辰及掖辇巡幸地方,内外大臣恭递庆贺请安折,俱缮备二分呈递。其随奏事件请安折,俱照常缮备一分,呈进嗣皇帝批阅。

13.外廷筵宴,由各该衙门循例奏请嗣皇帝、恭奉太上皇帝亲御宴座,嗣皇帝侍坐。一切仪注,临时具奏。

14.各部院衙门题本改签、放缺、奏派各项差使,俱循例题奏,恭候嗣皇帝批阅遵行。其各部院衙门及各省题奏事件,俱照常式恭缮"皇上睿鉴"字样,后书"嘉庆"年号,按照向例呈进,不必缮备二分。

15.御门听政,嗣皇帝折本示期遵办。

16.乡会试、殿试、朝考、散馆及一切考试题目,由各该衙门循例奏请嗣皇帝命题考试。

17.嗣皇帝登基后,应请太上皇帝敕旨册立皇后,所有应行典礼,交各该衙门循例遵行。

18.明年元旦,奉先殿、堂子行礼。在未传位以前,皇太子随皇上行礼。

19.陛见文武大员及新授道府以上,具折恭请太上皇帝恩训、嗣皇帝恩训。

20.丙辰新正递丹书克,仍系奏"太上皇帝"词句,且有贺六十年国庆之事,应请仍于太上皇帝前恭递。

除此之外,还规定,自嘉庆元年(1796)起,各省及外藩使用嘉庆纪年的《时宪书》;皇宫内廷、皇子、皇孙及曾孙玄孙辈和亲近王、大臣等继续使用乾隆纪年的《时宪书》。乾隆六十年(1795)十一月十八日,皇太子颙琰正式迁居毓庆宫,日后当皇帝也要在此居住;自丙辰年(嘉庆元年)开始,宝泉、宝源二局铸钱,"乾隆、嘉庆年号各半分铸"。此外,对于自己的后事,乾隆帝也做了一些安排。其中,关于丧礼规定:只需依照清朝历代帝王先例,以日易月,二十七日除服及百日之内不准剃发，而不得仿行古礼行三年之丧；关于身后庙号规定：只能称"宗"，而不得称"祖"。

嘉庆四年正月初三日（1799年2月7日）辰时，八十九岁高龄的乾隆帝病死于紫禁城养心殿。其实，说是八十九岁，那是按照中国传统虚岁来说的。实际上，生于康熙五十年八月十三日（1711年9月25日）的乾隆帝，其实际年龄为八十七岁零七个半月。

二、奢华的陪葬

乾隆帝死后当天，即嘉庆四年（1799）正月初三日，乾隆帝遗体在养心殿小殓，然后恭抬至乾清宫大殓并停灵在观德殿，等待下一步奉移到其生前建好的陵寝，葬入地宫。

明黄缎平金彩绣龙皇帝朝袍

虽然乾隆帝临死前有那么多的遗憾没有完成，但他还是不得不这样走了，走得不情愿，但却风光体面，还很富足。毕竟他是一代帝王，丧礼的宏大排场姑且不说，单说他死后穿的寿衣即那身穿戴，就很是与众不同。"高大上"的衣冠、饰品，处处显示出一代帝王的尊崇和高贵。

> 头戴天鹅绒绣佛字台正珠珠顶冠，上饰珠顶一座，珠重三钱七分，全托重二钱九分。身穿绣黄宁绸绵金龙袍。石青缎缀绣金龙补子绵长褂。鱼白纺丝小绵袄。鱼白素绸绵袄。灰色素绸绵中衣。鱼白春丝中衣带。佩雕珊瑚嘛呢字朝珠一串，上有青金石佛头塔、金镶珂子、背云上嵌珂子各一块，小正珠八颗，珂子大坠角、松石纪念，蓝宝石小坠角、加间三等正珠十颗，珊瑚蝠二个。铜镶珂子四块瓦大鞓带一副上拴飘带一副，随铜镶珂子飘带束。蓝缎褡金银线珊瑚云大荷包一对。绣黄缎三等正珠豆小荷包一个，计珠四颗。绣黄缎火镰一把，饰三等东珠压豆，红缎褡金银线松石豆小荷包一个。红缎褡金银线四等正珠豆小荷包一个，计珠四颗。青缎褡金银线珊瑚豆小荷包一个。牛角商丝鞘花羊角靶小刀一把。牛角商丝牙签盒一件。鱼白春绸棉套裤。白布棉袜。青缎凉里皂靴。

除了这身体面风光的穿戴，他的梓宫内还陪葬有与其身份相符的衣冠、饰品、被褥等诸多物品，以供他在另一个世界继续使用，这些物品有：

天鹅绒朝冠一顶；随朝冠顶一座，大正珠顶重二钱六分七厘，东珠十五颗，重六钱三分六厘，金重九钱九分。得勒苏草拆纤缨冠一顶；缀面珠重一钱八分五厘。黄绅丝面片金边绵朝袍一件珊瑚背云二块，珊瑚坠角四个，加间饭块正珠八颗。绣黄缎绵金龙袍二件。石青宁绸缂丝金龙绵褂一件。石青缎缀金龙补子绵长褂一件。蓝宁绸棉长襟袍一件。石青缎绵长褂一件。白纺丝衫一件，扁核桃朝珠一盘。珊瑚佛头松石塔；上有砢子背云，二等饭块正珠大坠角，松石纪念，红黄蓝宝石小坠角，加间四等饭块正珠五颗，红宝石豆一个，青金珠八个。伽楠香朝珠一盘。珊瑚佛头塔纪念；上有金镶蓝宝石背云，碧牙瑶大坠角，蓝宝石小坠角。金镶松石四块瓦圆朝带一副，铜底板，共嵌头等东珠二十颗，乌拉正珠八十颗。上拴金镶松石手巾束一对，共嵌乌拉正珠六十颗。蓝白春绸手巾。蓝缎褡金银线葫芦大荷包一对；计附坠角八个，东珠十六颗。绣黄缎火镰一把；上有四等东珠压豆。红缎褡金银线松石豆小荷包一对计珠四颗。金镶红宝石松石青金鞓鞘花羊角靶小刀一把。金镶红宝石松石青金牙签盒一件。白玉八块瓦大鞓带一副；上拴飘带一副，随白玉飘带束。蓝缎褡五彩线松石云大荷包一对。红缎褡金银线松石豆小荷包一个。青缎褡鹿绒小荷包一个。青缎褡金银线火镰一把；饰珊瑚压豆。洋铜珐琅鞘花羊角靶小刀一把。洋铜珐琅牙签盒一件。石青缎绣八吉祥西番九如莲三宝珠当头黄缎绣九龙绵被一床；绣黄缎万字如意边五彩九团龙红福流云大褥一床。绣黄缎万字如意边五彩九龙虞书十二章大褥一床。绣黄缎万字如意边西番莲八吉祥中心如意大褥一床。织香色缎五彩龙绵被一床。紫妆缎褥单一个。石青缎绣八吉祥边黄缎绣蓝喇嘛字心龙凤呈祥顶枕头一个。酱色妆缎边紫心绣香色缎龙凤呈祥枕头一个。黄宁绸绒绣绵五龙袍一件。朝袍、金龙袍褂等件缀去金钮子三十三个。红雕漆长方朝珠盒一个。黑漆金花长方带盒一个。

除了乾隆帝的那身豪华穿戴和铺盖，嘉庆帝还在乾隆帝的梓宫内放入很多珍贵的珠宝及其生前喜爱的物品。

嘉庆四年（1799）正月二十三日，乾隆帝梓宫奉移观德殿停灵。

三月初八日，乾隆帝的陵寝正式命名为"裕陵"。

四月初七日，嘉庆帝穿素服到太和门恭阅大行太上皇帝尊谥册宝，上谥号"法天隆运至诚先觉体元立极敷文奋武孝慈神圣纯皇帝"，庙号"高宗"。嘉庆帝行礼完毕后，回宫更换缟素，来到观德殿恭候乾隆帝谥册、谥宝的到来，然后在乾隆帝梓宫几筵前恭献谥册、谥宝，礼仪完成。

九月初二日，乾隆帝梓宫奉移裕陵。

九月初四日，恭悬裕陵明楼、隆恩殿、隆恩门三处额匾。

九月初七日，乾隆帝梓宫奉安裕陵隆恩殿。

九月十四日，乾隆帝梓宫至宝城前芦殿，升龙輴。

九月十五日，嘉庆帝恭奉龙輴引绋入宝城下面的地宫，将乾隆帝梓宫奉安于地宫宝床正面居中的棺床上。嘉庆帝恸哭之后退出地宫，再次在地宫外奠酒行礼。嘉庆帝更换衮服到隆恩殿向上立。大学士庆桂、董诰恭题神主，将神牌奉安宝座，嘉庆帝行虞祭礼。銮仪卫官设黄舆于丹陛。嘉庆帝在隆恩殿宝座前行礼后，恭捧神牌奉安黄舆内，步随至神道碑亭南，跪送黄舆启行回京。

以大葬礼成，嘉庆帝遣官告祭昭西陵、孝陵、孝东陵、景陵并裕陵后土、昌瑞山之神。

嘉庆四年（1799）九月十九日，嘉庆帝在砖城门外跪迎神牌黄舆到，在黄舆前行礼，恭捧乾隆帝帝后神牌进入太庙，代表他们行拜谒列祖列后礼，然后按昭穆次序将乾隆帝神牌奉安到康熙帝神牌之右（西）。孝贤纯皇后神牌、孝仪纯皇后神牌依次奉安，行升祔礼。如时享仪。礼毕，嘉庆帝更换礼服到奉先殿，在前殿奉安高宗纯皇帝、孝贤纯皇后、孝仪纯皇后神牌。礼仪同朔、望大祭仪相同。

同日，以升祔太庙礼成，颁布诏书通告天下。至此，乾隆帝在阳间的一切后事暂告一段落，等待他的是日后按时按例的祭祀。

经过加谥，乾隆帝的最后谥号全称"法天隆运至诚先觉体元立极敷文奋武钦明孝慈神圣纯皇帝"，简称"纯皇帝"。

三、十九次祭礼

乾隆帝死后，他的儿子嘉庆帝还算是孝顺，不久就开始了各种繁复的祭祀。乾隆帝死后一年时间内，先后行祭祀礼十九次。每次祭奠都焚烧大量衣物，以供乾隆帝在另一个世界使用。依据相关档案的研究，这十九次祭祀礼，经过归纳，其日期和祭礼名称如下：

嘉庆四年（1799）正月十七日，殷奠礼。礼仪之后第一次焚化，烧掉熏缎台冠一顶；随珠顶一座；绵金龙袍褂两件，其中绣黄宁绸与绣蓝宁绸各一件；绵金龙褂二件，其中石青缎绣二色金与石青宁绸绣五彩各一件；画绸金龙袍褂一套；蓝宁绸长襟绵袍一件；石青缎绵长褂一件；画缎寻常袍褂三套；鱼白绸绵袄一件；画缎绵袄四件；蓝缎凉里皂靴一双；白布绵袜两双；朝带一副；鱼白素绸棉袄一件；鱼白春绸中衣带一条；青缎里皂靴一双。

嘉庆四年（1799）正月二十一日，启奠礼。礼仪之后第二次焚化，烧掉熏貂缎台冠一顶；绣酱色宁绸绵金龙袍一件；石青缂丝金龙棉褂一件；绵长襟袍三件，其中蓝宁绸一件、蓝缎二件；画缎金龙袍褂二套；画缎寻常袍褂三套；画缎绵袄五件；朝带一副；蓝缎凉里皂靴一双；白布绵袜一双；弥绸手巾四条；鱼白春绸中衣带四条。

嘉庆四年（1799）正月二十四日，初祭礼。礼仪之后第三次焚化，烧掉玄狐朝冠一顶，随珠顶一座；绣黄缎片金边夹朝袍一件，上饰珊瑚背云一块、珊瑚坠角四个、加间饭块正珠八颗；绣黄缎绵金龙袍五件；石青缎绣金龙绵褂五件；绵长襟袍五件，其中蓝缎一件、蓝宁绸二件、酱色宁绵一件、驼色宁绸一件；石青缎绵长褂五件；蓝宁绸夹长襟袍二件；石青缎夹长褂二件；绵袄十三件，其中春绸六件、鱼白绫七件；画缎金龙袍褂五套；画缎绵夹寻常袍褂九套；画缎绵袄十四件；朝带一副；蓝缎凉里皂靴一双；白布绵袜一双；弥绸手巾二十条；鱼白春绸中衣带十条。

嘉庆四年（1799）正月二十九日，大祭礼。礼仪之后第四次焚化，烧掉熏貂缎台朝冠一顶，随珠顶一座；绣黄缎金龙袍五件，其中绵三件、夹二件；石青缎绣金龙褂四件，其中绵二件、夹二件；石青宁绸绣金龙绵褂一件；绵长襟袍五件，其中酱色宁绸一件、油绿宁绸二件、蓝缎二件；石青缎绵长褂五件；酱色缎夹衣襟袍二件；石青缎夹长褂二件；鱼白绸绵袄十二件；画缎夹朝服一套；画缎金龙袍褂五套；画缎寻常袍褂九套；画缎绵夹袄十五件，鞓带一副；蓝缎凉里皂靴一双，白布绵袜一双；弥绸手巾二十条；鱼白春绸中衣带十条。

嘉庆四年（1799）二月初三日，满月礼。礼仪之后第五次焚化，烧掉海龙缎台冠一顶；绣黄缎绵金龙袍一件；织金缎夹金袍一件；石青缎绣金龙褂二件，其中绵一件、夹一件；宁绸棉长襟袍二件，其中蓝色一、酱色一；石青缎绵长褂二件；画缎金袍褂一套；画缎寻常袍褂三套；酱色缎夹长襟袍一件；石青缎夹长褂一件；鱼白绸绵袄五件；画缎绵袄四件；鞓带一副；青缎凉里皂靴一双，白布绵袜一双；弥绸手巾四条；鱼白春绸中衣带四条。

嘉庆四年（1799）三月初三日，二满月礼。礼仪之后第六次焚化，烧掉海龙皮冠一顶；织黄缎夹金龙袍一件；绣石青缎夹金龙褂一件；绵宁绸长襟袍二件，其中蓝色一件、酱色一件；石青缎绵长褂二件；酱色夹宁绸长襟袍一件；石青缎夹长褂一件；夹袄四件，其中月白缎二件、月白绫二件；画缎金龙袍褂二套；画缎寻常袍褂三套；画缎绵夹袄五件；鞓带一副；青缎里皂靴一双，白布绵袜一双；弥绸手巾四条；鱼白春绸中衣带四条；舡车轿一套；痒痒挠三根；手巾五十条；石青缎大枕头六个，俱随白纺丝枕套。

嘉庆四年（1799）四月初三日，三满月礼。礼仪之后第七次焚化，烧掉双层南纩缨冠一顶，上缀假珠一颗；织黄缎绵金龙袍一件；绣石青缎夹金龙褂一件；宁绸夹长襟袍二件，其中酱色一件、油绿色一件；石青缎褂二件；鱼白绸夹袄三件；画缎金龙褂一套；画缎寻常袍褂三套；画缎夹袄四件；鞓带一副；白布绵袜一双；青缎凉里皂靴一双；

弥绸手巾四条；鱼白春绸中衣带四条。

嘉庆四年（1799）四月初九日，百日礼。礼仪之后第八次焚化，烧掉双层南纾缨冠一顶，上缀假珠一颗；绣黄缎夹金龙袍一件；石青缎夹金龙褂一件；酱色宁绸夹长襟袍二件；石青缎夹长褂二件；鱼白绸夹袄三件；画缎金龙袍褂一套；画缎寻常袍褂三套；画缎夹袄四件；鞓带一副；白布绵袜一双；弥绸手巾四条；鱼白春绸中衣带四条。

嘉庆四年（1799）五月初三日，四满月礼。礼仪之后第九次焚化，烧掉双层南纾缨冠一顶，上缀假珠一颗；绵纱长襟袍二件，其中蓝色一件、酱色一件；石青绵纱长褂一件；鱼白绸夹袄三件；画缎金龙袍褂一套；画缎寻常袍褂三套；画缎夹袄四件；马尾钮带一副；白布绵袜一双；青缎凉里皂靴一双；弥绸手巾四条；鱼白春绸中衣带四条。

嘉庆四年（1799）六月初三日，五满月礼。礼仪之后第十次焚化，烧掉双层南纾缨冠一顶，上缀假珠一颗；织黄夹纱金龙袍一件；绣石青夹纱金龙褂一件；夹纱去襟袍二件，蓝色一件、油绿色一件；石青夹纱长褂二条；鱼白绸绵夹袄三件；画缎金龙袍褂一套；画缎寻常袍褂三套；画缎绵夹袄四件；马尾钮带一副；白布绵袜一双；青缎凉里皂靴一双；弥绸手巾四条；鱼白春绸中衣带四条。

嘉庆四年（1799）七月初三日，六满月礼。礼仪之后第十一次焚化，烧掉双层南纾缨冠一顶，上缀假珠一颗；绵纱长襟袍二件，酱色一件、油绿色一件；酱色夹纱长襟袍一件；石青纱长褂三件，绵纱二件、夹纱一件；鱼白春绸绵夹袄三件；软带一条；画缎金龙袍褂一套；画缎寻常袍褂三套；画缎绵夹袄四件；弥绸手巾四条；鱼白春绸中衣带四条；青缎凉里皂靴一双；白布绵袜一双。

嘉庆四年（1799）七月十五日，中元礼。礼仪之后第十二次焚化，烧掉双层南纩缨冠一顶，上缀假珠一颗；织黄夹纱金龙袍一件；石青缂丝夹纱金龙褂一件；绵宁绸长襟袍二件，其中酱色一件、油绿色一件；蓝宁绸夹长襟袍一件；石青缎长褂三件，其中绵二件、夹一件；鱼白春绸绵夹袄四件；画缎寻常袍褂三套；软带一条；弥绸手巾四条；鱼白春绸中衣带四条；青缎凉里皂靴一双；白布绵袜一双。

嘉庆四年（1799）八月初三日，七满月礼。礼仪之后第十三次焚化，烧掉双层南纩缨冠一顶，上缀假珠一颗；绣黄缎夹金龙袍一件；石青缎绣二色夹金龙褂一件；酱色宁绸绵袍二件；蓝宁绸夹袍一件；石青缎褂三件，其中绵二件、夹一件；鱼白春绸绵夹袄四件；画缎寻常袍褂三套；画缎袄三件；软带一条；白布绵袜一双；青缎凉里皂靴一双；弥绸手巾四条；鱼白春绸中衣带四条。

嘉庆四年（1799）八月二十八日，因为要奉移裕陵，提前举行八满月礼。礼仪之后第十四次焚化，烧掉海龙皮冠一顶；酱色宁绸绵长襟袍二件；蓝宁绸夹长袍一件；石青缎绵褂二件；青缎夹褂一件；画缎金龙袍褂一套；画缎寻常袍褂三套；鱼白春绸绵夹袄三件；画缎袄四件；钮带一副；白布绵袜一双；青缎凉里皂靴一双；弥绸手巾四条；鱼白春绸中衣带四条。

嘉庆四年（1799）九月初一日，奉移梓宫，行祖奠礼。礼仪之后第十五次焚化，烧掉熏貂冠一顶；黄缂丝绵金龙袍一件；石青夹纱金龙褂一件；酱色绵纱袍三件；石青绵纱褂三件；绵夹袄四件；画缎金龙袍褂二套；画缎寻常袍褂三套；画缎袄五件；鞓带一副；白布绵袜一双；青缎凉里皂靴一双；弥绸手巾四条；鱼白春绸中衣带四条。

嘉庆四年（1799）九月初八日，奉安梓宫，行飨奠礼。礼仪之后第十六次焚化，烧掉熏貂冠一顶；黄缂丝绵金龙袍一件；绣石青缎绵金龙褂一件；绵宁绸袍三件，其中蓝色一件、酱色二件；石青褂三件，其中夹纱二件、夹屯绢一件；绵夹鱼白春绸袄四件；画缎金龙袍褂二套；画缎寻常袍褂三套；画缎袄五件；鞓带一副；白布绵袜一双；青缎凉里皂靴一双；弥绸手巾四条；鱼白春绸中衣带四条。

嘉庆四年（1799）九月十四日，永远奉安梓宫，行迁奠礼。礼仪之后第十七次焚化，烧掉熏貂冠一顶；黄缂丝绵金龙袍一件；绣石青缎绵金龙褂一件；蓝宁绸绵袍二件；石青夹纱褂二件；鱼白春绸绵夹袄三件；画缎金龙袍褂一套；画缎寻常袍褂三件；鱼白春绸棉夹袄三件；画缎金龙袍褂一套；画缎寻常袍褂三套；画缎袄四件；鞓带一副；白布绵袜一双；青缎凉里皂靴一双；弥绸手巾四条；鱼白春绸中衣带四条。

嘉庆四年（1799）十二月三十日，岁暮礼。礼仪之后第十八次焚化，烧掉貂冠一顶；绣黄缎夹金袍一件；绣石青缎绵金龙褂一件；蓝绵宁绸袍一件；酱色夹宁绸袍一件；绵石青缎褂三件；鱼白春绸绵夹袄三件；画缎金龙袍褂一套；画缎寻常褂三套；画缎袄四件；软带一副；白布绵袜一双；青缎凉里皂靴一双；弥绸手巾四条；鱼白春绸中衣带四条。

嘉庆五年（1800）正月初三日，周年礼。礼仪之后第十九次焚化，烧掉熏貂冠一顶；绣黄缎夹金龙袍一件；绣石青缎绵金龙褂一件；绵宁绸袍二件，其中蓝色一件、酱色一件；酱色夹宁绸袍一件；绵缎褂三件，其中青色一件、石青色一件；鱼白春绸绵夹袄四件；

画缎金龙袍褂二套；画缎寻常袍褂三套；画缎绵夹袄五件；鞓带一副；白布绵袜一双；青缎凉里皂靴一双；弥绸手巾四条；鱼白春绸中衣带四条。

据统计，以上十九次祭礼，共焚烧多达七百七十余件衣、冠、靴、袜等各色衣物。这些皇家御用衣物，都来自社会财富，只是为了让死者在阴间继续享受，就这样被烧掉了。

四、隆恩殿的"宝贝"

"普天之下莫非王土，率土之滨莫非王臣"，因此人们常说"富贵莫过帝王家"。

康乾盛世是清朝鼎盛时期，国家强盛，作为这一时期的圣主，乾隆帝是最有资格花钱享受的一个皇帝。因此，他的陵寝不仅建造得异常坚固，陵寝内的建筑装饰也豪华奢侈，陈设器皿众多，还尊藏了大量的名人字画、珍奇古玩。

据光绪二十三年（1897）四月的一份《裕陵各处陈设清册》记载，当时乾隆帝裕陵隆恩殿的神牌位次、陈设、装饰、尊藏以及祭祀器皿等物品清单如下：

东暖阁 佛楼
中暖阁 神牌位次 孝贤纯皇后（东）、高宗纯皇帝（中）、孝仪纯皇后（西）
西暖阁 慧贤皇贵妃（东）、哲悯皇贵妃（中）、淑嘉皇贵妃（西）

隆恩殿内陈设

金漆香几五件、珐琅五供一分、炉一件、花瓶二件_{内插灵芝一对、蜡扦二件上插样蜡一对}；铜镀金香盒一件；金漆戳灯十二盏_{各随黄铜蜡托盘一个}、明黄杭细单套各一件；东边设酒案二张，西边设酒案二张，每张各有明黄云缎面杭细里夹套一件、明黄油敦布夹垫子各一件、明黄纺丝油单案面各一件、明黄油敦布夹套各一件。

中阁设宝座三分，各随明黄桩缎靠背迎手坐褥足垫一分、明黄云缎夹挖单三件、明黄油敦布夹挖单三件；宝座前设连三供案一张、明黄云缎面杭细里夹套一件、明黄油敦布单垫子一件、明黄纺丝油单案面一件、明黄油敦布夹套一件。

西边（暖阁）设宝座三分，各随明黄桩缎靠背迎手坐褥足垫一分、明黄云缎夹挖单三件、明黄油敦布夹挖单三件；宝座前设连三供案一张、明黄云缎面杭细里夹套一件、明黄油敦布单垫子一件、明黄纺丝油单案面一件、明黄油敦布夹套一件。

裕陵隆恩殿内中暖阁内的神牌　　戳灯

宝椅

（隆恩殿）暖阁三间，各挂明黄缎织金龙幔一架；东边供佛花一座清明前一日安设，岁暮祭日请出焚化。

中暖阁内，明黄缎织金龙夹壁衣三件、宝椅三张、明黄粧缎褥三分各随流苏四挂、明黄云缎挖单三件、明黄油敦布挖单三件、金漆戳灯二盏各随黄铜蜡托盘一个、明黄杭细单套各一件；龛内明黄油敦布夹地平一件、高丽凉席一领、缂丝天花壁衣一分、缂丝幔一分；宝床一张，夹布垫连明黄片金面纺丝里床刷一件、明黄片金夹足垫一件；床上设黄红绿龙褥三床；褥上设绿锦夹垫一件、檀香木架一座、明黄片金面纺丝里帷幄一件、明黄龙被三床；三镶枕三个；迎手枕六个穗全；朱红漆木托六个、明黄云缎夹垫二件、绿锦夹垫四件、明黄云缎面纺丝里迎手套六件、明黄油敦布夹套六件；磁痰盒三件。

第二章　乾隆帝死后也奢华

西暖阁内，明黄云缎夹壁衣三件；宝椅三张、明黄粧缎褥三分_{各随流苏四挂}、明黄云缎挖单三件、明黄油敦布挖单三件、金漆戳灯二盏_{各随黄铜蜡托盘一个}、明黄杭细单套各一件。龛内明黄油敦布夹地平一件、高丽凉席一领、明黄云缎天花壁衣一分、明黄云缎一分；宝床一张，夹布垫连明黄片金面纺丝里床刷一件、明黄片金夹足垫一件；床上设黄红绿粧缎褥三床；褥上设绿锦夹垫一件、檀香木架一座、明黄片金面纺丝里帷幄一件、明黄龙被三床；三镶枕三个、迎手枕六个_{穗全}；朱红漆木托六个、绿锦夹垫六件、明黄云缎面纺丝里迎手套六件、明黄油敦布夹套六件；磁痰盒一件。

东暖阁，内佛楼上设花梨木边柏木心紫檀木雕花供柜一座，须弥座上嵌珊瑚十二个，前后镶嵌松儿石八块、上设紫檀木；佛龛一座，外檐随穿假珠灯四支、铜灯四支、铜匾对一副、玻璃欢门十块_{内供}、铜胎佛一尊，手捧大东珠一颗_{连托盘重一钱}、随檀香嵌玻璃背光座；紫檀木供案一张，佛九尊、金七珍一分、八宝一分、奔巴壶一对_{内插孔雀翎吉祥草}、八铃一件；紫檀木供案八张，上供铜胎八大菩萨八尊_{各随檀香}、嵌玻璃背光座，上各供八宝一分、金塔一对_{随紫檀木座}、金檀城一对_{随紫檀木座}、珐琅盆珊瑚树一对_{随紫檀木座}、珐琅五供一分_{随紫檀木香几}；香靠烛、香花瓶内穿珠花二枝，每枝饭粒珍珠三十二颗、蓝宝石一块、红宝石二块；穿珠欢门幡一堂、象牙灯四支、匾对一副。佛龛前设红白毡垫一分，上铺栽绒拜毯一件_{随黄布挖单一件}；神龛内靠北墙正面挂御笔雕漆挂屏一件，两旁挂御笔雕漆对一副、两旁边悬挂御笔雕漆挂屏各一件，东西墙悬挂御笔雕漆挂屏各一件_{各随黄布套一件}；靠北墙设楠木宝床一张，上铺白毡一条、红毡一条；

上设黄缎绣金龙坐褥靠背迎手一分、随黄纺丝单挖单三件、布挖单一件。褥上设金洋皮长匣一件内盛圣容二轴；左设红雕漆匣一件白玉如意一柄，上拴汉豆三个，右设磁痰盒一件、紫檀木长方罩盖匣一件内盛洋瓷珐琅表二件，珐琅不全；宝床上左边设紫檀木罩盖匣一件内盛孝贤纯皇后挽诗一套二册、填漆罩盖匣一件内盛挂轴二轴，文徵明《春秋荣枝》一轴、柯九思书《九成宫醴泉铭》一轴，内轴头一件有缺、雕漆匣一件内盛唐狮砚滴一件，紫檀木座、紫檀木二层罩盖匣一件内盛汉玉玩器十九件，内五件有磕缺、紫檀木商丝圭璧罩盖匣一件内盛汉玉印色圆盒一件，宝二方，磕缺、紫檀木长方罩盖匣一件内盛成窑五彩盅二件、填漆二层盒一件内盛手卷四卷，一层赵孟頫《秋郊饮马图》一册、钱选《孤山图》一册；下层邓文远章草真迹一册、赵孟頫书《道德经》一册。俱渍脏，宝床上右边设紫檀木嵌银片字罩盖匣一件内盛定磁小盅一对，紫檀木座，缺釉、紫檀木提梁匣一件内盛白玉靶盅一件，紫檀木商丝座、御临董其昌仿各家书法册页一套计二册、花梨木匣一件内盛官窑木瓜盒一件，紫檀木座；甲，缺釉；口，有磕、填漆方匣一件内盛歌窑圆洗一件，紫檀木座，缺釉、紫檀木描金匣一件汉玉三喜璧一件、填漆长方匣一件内盛册页二页，董其昌一册，字心渍脏；马远一册，虫蛀；左边设方几一张，上罩黄云缎夹套一件，上设御笔《十全老人之宝说》玉册十页一页有缺,俱有透绺，随黄缎套一件；右边设方几一张，上罩黄云缎夹套一件，上设玉宝一方有绺，随黄缎套一件。楼檐下，正面悬御笔雕漆匾三面。东墙上向西悬御笔雕漆匾二面。靠东墙设紫檀木大案一张案面裂缝，边腿残损，上设御制石鼓文序一册、砚十方紫檀木玉字三层匣盛，栏杆牙残缺不全、《佛说无量寿佛经》一册红雕漆匣盛、御制《鸡雏图》桌屏一件字有亏缺，开膛、御制《缂丝心经》一册紫檀木匣盛、玉万年甲子一分、玉十二辰十二件紫檀木罩盖盒盛；青玉方盒一件内盛册页一册、紫檀木嵌螺甸匣一件内盛玛瑙晶图书八方，俱有磕、玉板金刚经一匣计十二块，内二块透绺。金

第二章 乾隆帝死后也奢华

漆玻璃罩匣盛、紫檀木嵌螺甸匣一件内盛御制诗一册、圣制《抑斋记》碧玉册页一分计玉板八块，内一页缺二处。紫檀木嵌金银片匣盛、碧玉宝一方。靠西墙设大案一张随明黄云缎单套一件，上设青玉宋龙执壶一件透绺磕缺、青玉宋龙杯盘一分计二件，透绺磕缺。楠木插盖匣盛、金胎西洋珐琅小执壶一件上嵌珊瑚顶一个，珲不全蜡补、金胎西洋珐琅杯盘一分计二件，珲不全蜡补。楠木插盖匣盛、金胎珐琅西番花杯盘二分计四件，珲不全蜡补。楠木插盖匣盛、银里葫芦碗一件随盖，碗有缺。楠木插盖匣盛、珊瑚顶小金多木二件每件上嵌红宝石四十块，小正珠三十六颗，每件重二十两五钱。楠木插盖匣盛、御题诗青白玉碗二件一件随盖，碗透绺。楠木插盖匣盛、青白玉执壶一件透绺磕缺、青白玉双鹿耳杯盘一分计二件，透绺磕缺。楠木插盖匣盛、金胎珐琅西番莲朝冠耳杯一分计二件，珲不全蜡补。楠木插盖匣盛、御题诗红花白地磁盖盅二件缺釉，楠木插盖匣盛、御题诗青白玉盅一件磕绺，楠木插盖匣盛、焦叶式青白玉渣斗一件透绺有磕、白玉渣斗一件有磕透绺，楠木插盖匣盛、银里葫芦盅二件风裂，楠木插盖匣盛、青玉碗二件透绺有磕，楠木插盖匣盛、青白玉碟二件透绺有磕。楠木插盖匣盛、青白玉碟二件透绺有磕，楠木插盖匣盛、诗意菱花双耳白玉碗一件透绺有磕，楠木插盖匣盛、御题诗双耳拱花青玉碗一件透绺有磕，楠木插盖匣盛、御题诗金里红雕漆盅二件漆磕蜡补字有缺，楠木插盖匣盛、御题诗碧玉碗一件透绺有磕，楠木插盖匣盛、御题诗《扎骨扎牙》木碗一件有缺，随铁镀金錾花碗，镀金不全，楠木插盖匣盛、白锦地红龙瓷盅二件缺釉，楠木插盖匣盛、嘉窑青花白地人物瓷盅二件缺釉，楠木插盖匣盛、彩填漆春寿长方茶盘一件蜡补，楠木插盖匣盛、汉玉靶金义子一把玉靶透绺、御题诗汉玉靶镶嵌掐银丝紫檀木银义子一把玉靶透绺，楠木插盖匣盛、青白玉小盖盒一件磕绺、御题诗白玉盅一件磕缺透绺，楠木插盖匣盛、青白玉碟一件透绺有磕，楠木插盖匣盛、御题诗五彩人物

065

鸡红瓷杯二支缺釉，楠木插盖匣盛、黑漆里葫芦碟一件凤裂，楠木插盖匣盛、玛瑙盅一件有璺，楠木插盖匣盛、银里葫芦碗一件碗有缺，楠木插盖匣盛、陵图一轴楠木匣盛，随黄云缎挖单一件。两旁设金漆戳灯各一盏各随黄铜蜡托盘一个，杭细单套各一件。当中设楠木香几一件，上设锡香炉一个。两旁设楠木戳灯一对，随锡烛盘一对。前设拜垫一件，随黄纺丝挖单、布挖单各一件。东边设珐琅火盆一件紫檀木座。

奠酒并陈设应用：金器一件系三等金素折盅，重一百两五钱；镀金银器十一件内有茶桌云叶，共重三百七十六两五钱；银器十二件，共重三百八两七钱；镀金银云叶花梨木茶桌一张殿贮；铜胎珐琅执壶一件；金胎珐琅杯盘一分计二件；铜胎珐琅碗盖一件殿贮。

高宗纯皇帝、孝贤纯皇后、孝仪纯皇后三位案前，膳房、饽饽房应用：各镀金银器共一百零五件，各共重一千四百七十两九钱；各镀金银镶牙筯二支；外镀金银有盖耳碗一件，重二十两系皇帝位前用。

慧贤皇贵妃、哲悯皇贵妃、淑嘉皇贵妃三位案前，膳房、饽饽房应用：各镀金银器共二十四件，各共重三百六十两；各银器共六十五件，各共重七百六十七两四钱九分；各镀金银镶牙筯二支。

裕陵东暖阁内，宝床上设金羊皮长匣一件内藏圣容二轴、左右设陈设十七匣计五十八件；东案设陈设九匣计五十七件；西案设陈设三十一匣计五十三件，外陵图一轴。以上宝床两案共陈设五十九匣计一百六十八件。佛楼上设陈设共计六十四件。以上通共二百三十二件。

根据这份档案记载我们可以得到以下信息：

1. 裕陵三间暖阁的不同功能，以及装饰陈设；
2. 东暖阁佛楼上的陈设详细名单；
3. 皇帝、皇后和皇贵妃宝座案前祭器的种类和区别。

裕陵隆恩殿东暖阁佛楼，分为上下两层，为了安放楼上的物品，曾经设有楼梯。乾隆四十五年（1780）九月，乾隆帝谕旨：撤掉楼梯，永不安设。从此，每次更换东陵的守陵大臣，都要清点所有陵寝使用供奉的金银器皿、陈设、铺垫等物品，但东暖阁佛楼再也没有清点过，只是按照存档记载再次记录一次。光绪二十三年（1897）五月十一日，《光绪朝朱批奏折》有如下记载：

> 裕陵隆恩殿东暖阁佛楼上供器等项，谨按存档内恭录。乾隆四十五年九月钦奉谕旨：东暖阁佛楼之楼梯，著撤下，嗣后永远不必安设。其上面连接楼梯之活栏杆，著钉安坚固等因。钦此。所有楼上尊藏各件，未敢点查。惟据司员等结报件数相符。

由于登上佛楼的梯子被撤下，不允许再安设，故此，乾隆四十五年（1780）后，裕陵隆恩殿东暖阁佛楼供器等物就再也没有被清点过。没清点的原因，就是梯子被撤下，不敢重新安设。而据光绪二十三年（1897）这份记录可知，裕陵隆恩殿东暖阁佛楼尊藏的古玩书画有些破损或残缺。又据《昌瑞山万年统志》记载，裕陵隆恩殿东暖阁佛楼尊藏的这些物品，与上份档案记载基本相符，所不同的是，《昌瑞山万年统志》上所记载的佛楼尊藏物品，没有残缺和破损的记录。

裕陵隆恩殿东暖阁佛楼

综合所述，可以推测，光绪二十三年（1897）四月的《裕陵各处陈设清册》记录的裕陵隆恩殿东暖阁佛楼物品尊藏时间应该在乾隆四十五年（1780）九月或之前。《昌瑞山万年统志》所记载佛楼物品尊藏时间应该早于乾隆四十五年（1780）九月，很可能是尊藏完这些物品后的一次汇总清点记录，当时尊藏的所有物品均是完整无破损的。后来由于存放不当自然破损或者更换守陵大臣清点物品不当，人为损坏。于是，乾隆帝谕旨今后撤下佛楼梯子，其用意之一就是防止继续因人为而损坏。以上仅为笔者分析，是否如此，尚需档案的支持。

第三章 "父子分葬"东西陵

雍正帝葬在西陵，开启了清朝皇帝父子分葬先例，乾隆帝不得不考虑采取怎样的措施让"父子分葬"更有利于大清皇朝龙脉的延续。于是，清陵的"昭穆制度"出炉。乾隆帝以身作则，将自己的陵寝选在了远离雍正帝泰陵的东陵境内。由于是亲自参与万年吉地风水的勘察，乾隆帝对自己的陵寝风水颇为满意。

一、不得不的办法

乾隆帝早已把皇位让给了儿子,并且又是高寿崩逝,因此,对于他的死,人们并未感到太大的惊奇,也没有表现出太多的慌乱,忙碌的只是老皇帝死后所需要办理的丧事。经过一番忙碌,乾隆帝被葬入建在清东陵的裕陵,这是乾隆帝生前为自己营建的陵寝。

乾隆帝驾崩前,清朝在关内建有两处皇陵,即位于北京之东的河北遵化清东陵和位于北京之西的河北易县清西陵。清入关第一帝顺治帝开辟了清东陵并葬入这里的孝陵,乾隆帝的祖父康熙帝的景陵也建在清东陵,而乾隆帝的皇父雍正帝的泰陵却建在清西陵。那么,乾隆帝的陵寝应该建在哪里呢?

两处皇家陵园都是建在依山傍水、风景秀丽的风水宝地中,如何选择万年吉地的问题,便摆在了乾隆帝的面前。开始,乾隆帝曾派纳亲、海望等人先后在永平府、保定府沿山一带及东西陵、密云一带相度吉地,还派纳亲前去九凤朝阳山相度,都落选了。纳亲等也曾奏请去东北盛京清王朝的发祥地择选吉地,但乾隆帝没有同意。

后来,乾隆帝考虑到一个很容易忽略的现实问题:雍正帝和自己如果都在易县建陵,那后世子孙势必纷纷效仿而在西陵建陵,那么东陵的孝陵、景陵将显得疏远,如果出现这样的结果,那就不足以展现子孙后代对先祖的孝思了。于是,乾隆帝令大臣于孝陵、景陵附近一带选择自己的陵址,并最终确定在东陵的胜水峪建陵,位于顺治帝的孝陵之西。

第三章 "父子分葬"东西陵

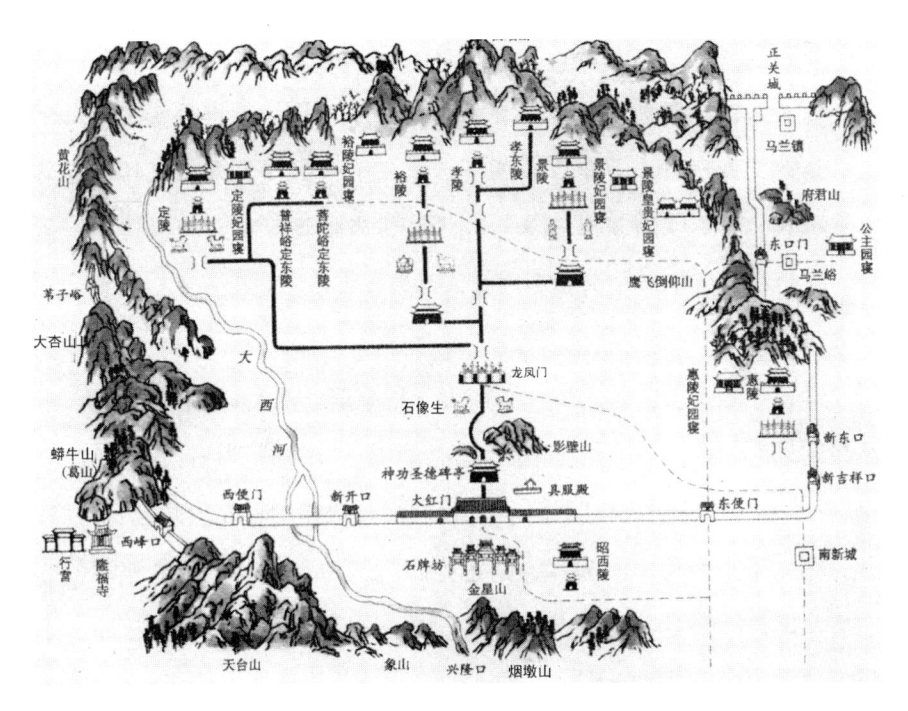

清东陵平面示意图

嘉庆元年（1796）十二月二十二日，乾隆帝发布了这样一道谕旨：

> 向例，皇帝登基后即应选择万年吉地。乾隆元年，朕绍登大宝，本欲于泰陵附近地方相建万年吉地，因思皇考陵寝在西，朕万年吉地设又近依皇考，万万年后，我子孙亦思近依祖父，俱选吉京西，则与东路孝陵、景陵日远日疏，不足以展孝思而申爱慕。是以朕万年吉地即建在东陵界内之圣水峪，若嗣皇帝及孙曾辈，因朕吉地在东择建，则又与泰陵疏隔，亦非似续相继之义。嗣皇帝万年吉地自应于西陵界内卜择，著各该衙门即遵照此旨，在泰陵附近地方敬谨选建。至朕孙缵承统绪时，其吉地又当建在东陵

界内。我朝景远庞鸿，庆延瓜瓞，承承继继，各依昭穆次序，迭分东西，一脉相连，不致递推递远。且遵化、易州两处，山川深邃，灵秀所钟，其中吉地甚多，亦可不必于他处另为选择，有妨小民田产，实为万世良法。我子孙惟当恪遵朕旨，溯源笃本，衍庆延禧，亿万斯年，相承勿替，此则我大清无疆之福也。此谕。

谕旨中的"瓜瓞"一词，原指大瓜和小瓜，瓜大者称为"瓜"，瓜小者则称为"瓞"，用此比喻子孙繁衍昌盛。"昭穆"为古代宗法制度，宗庙次序，始祖居中，以下父子(祖、父)递为昭穆；左为昭，右为穆；父为昭，子则为穆；父为穆，则子为昭。这种方法也用于墓地葬位的左右次序，《周礼》说："先王之葬居中，以昭穆为左右。"祭祀时，子孙也按此种规定排列行礼。

乾隆帝的谕旨不但解释了他将万年吉地选在东陵的原因，而且还作出了顾全大局的"昭穆相建"硬性规定，即若父葬在东陵，则子葬在西陵；父葬在西陵，当儿子的就应葬在东陵。也就是说，雍正帝葬在了西陵，乾隆帝就应葬在东陵，那乾隆帝的儿子就应葬在西陵，乾隆帝的孙子又将葬在东陵，依此类推。并且，乾隆帝唯恐他的哪位子孙像他父亲雍正帝那样另立门户，再整出一个什么新的南陵或北陵来，乾隆帝再次强调：嗣后皇帝万年吉地要遵循昭穆次序在东、西陵界内建陵，不要轻信那些风水术士的言语，当初我选择万年吉地（裕陵）的时候，就有一个叫进爱的术士提议改选他处，被我查出来后给予了治罪。为了防止类似事情再次出现，乾隆帝作出了硬性规定：从他开始，皇帝死后，不葬东陵就葬西陵，不能再开辟新的陵区了。于是在嘉庆二年（1797）三月十五日，乾隆帝再次发布一道谕旨：

> 前经降旨，以嗣后万年吉地当各依昭穆次序，在东西陵界内分建，不必另卜他处。但堪舆术士每多立异邀功之习，所言最不可信。即如朕选择万年吉地时，定于东陵界内之胜水峪，而进爱又欲改卜，经朕查出，即将进爱治罪示惩。万世子孙皆当以此为法，庶不为形家之言所惑。且遵化、易州两处山川灵秀宽广，其中吉地甚多，我子孙务须恪遵前训，永垂法守，断不必另择他处，有妨民业。

从这道谕旨中可以看出乾隆帝在他以后皇帝建陵上的良苦用心。为了让这个制度得到真正的落实，乾隆帝在颁布谕旨之前，不仅将自己的陵寝建在东陵境内，还将嗣皇帝嘉庆帝的陵址选定在西陵的太平峪。

然而，令乾隆帝意想不到的是，他这番苦心只执行了两代就被他的孙子道光帝破坏了。以后的清朝皇陵再也没有按照昭穆次序建陵。总的来说，乾隆帝的这项规定措施，最终使大清帝国统治期间，东陵和西陵的关系保持了平衡，没有出现第三处新的皇家陵园。不过，乾隆帝的良苦用心，只得到了部分执行。

二、选定陵墓风水

乾隆三年（1738）二月十九日，乾隆帝派出相度大臣和精通风水的堪舆家到永平府、保定府沿山一带以及东陵、西陵、密云一带选择自己的万年吉地。

经过再三勘选，东陵境内的胜水峪作为上等佳壤被选中了，大学士鄂尔泰、原任郎中洪文澜、钦天监博士齐克昌、郎中董启祚、相度人傅烶等认为：

> 胜水峪来龙特达，起伏有力，左边贴身一股界气之水及其明晰。南面余气回作城郭之山最为周密。再刨验土色至一丈二尺，具坚而细润而不泽，可以裁方截玉，实为上等佳土。

乾隆七年（1742）三月十七日，乾隆帝的万年吉地正式确定在清东陵的胜水峪，并开始准备兴工所需要的各种建筑用料，开工日期需要等乾隆帝亲自查看之后再行决定。

在东陵一带流传着乾隆帝亲自点陵穴的一个故事。

乾隆帝的陵址确定在胜水峪后，紧接着就是举行点穴礼。乾隆帝为了主持这一典礼，提前四天就起驾离京，住进了东陵隆福寺行宫。乾隆帝饱受汉学熏陶，学识渊博，才华横溢，受中国传统风水学说影响极大，对《易经》颇为精通。他为了验看陵穴点得准不准，便在正式点穴的前一天换上便装，带着几名贴身侍卫和太监，秘密地溜出行宫，来到了胜水峪。只见那里芳草萋萋，野花馥郁，流水潺潺。望北山，王气葱郁，龙脉绵延。查验土质，细腻无沙，确实称得上难得的上吉佳壤。乾隆帝内心喜悦无限，很佩服相度大臣和风水官员的眼力。乾隆帝在胜水峪转来转去，东瞧西看，南观北眺，最后站在一处。他从怀里掏出一只玉扳指，孔朝上，埋进了土里，然后把手一挥，返回行宫。

第二天清晨，法驾卤簿全设，乾隆帝身穿礼服，坐着十六人抬的大轿，在文武百官和太监、侍卫的保护下来到胜水峪，端坐在事先搭好的高台正中宝座上。官员、侍卫和太监分列两侧。这次点穴官是经验丰富的钦天监①监正洪某。他精通风水，当差认真，虽然已年过花甲，但由于深受皇帝信任，仍担任着钦天监监正之职。他曾多次点过陵穴，每次点得都很准，但像今天这样，在皇帝面前，于众目睽睽之下点穴还是头一回。他深知皇上也精通风水，眼里揉不得半点沙子，稍有差错，那可了不得，轻则丢官，重则掉头。因此这一次他格外谨慎小心。当典仪官高声宣布点穴吉时到后，洪某迈着稳健的步子，沿着界桩走了两圈，从东到西，由南往北又走了两趟。他站在北头正中，抬头凝神望了望十里外的金星山，转过身来，又端详了一下北面的山峰，左右看了又看，前后瞧了又瞧，闭目凝神想了一下，手持金簪，神情庄重地将金簪扎入土中，然后走到皇帝面前，恭恭敬敬地行了三跪九叩头大礼，奏道："请皇上验看。"乾隆帝走下看台，来到插着金簪的地方，令侍卫用手轻轻扒开金簪周围的土，露出了埋在地下的玉扳指。只见金簪不偏不斜，正插在扳指孔中。全场官员、兵丁无不惊服，一齐跪倒山呼："吾皇万岁！万岁！万万岁！"乾隆帝心中也着实佩服洪某的功力。跪在地上的洪某悬着的心一下子落下来。乾隆帝回到看台上，重赏了洪某。

---

① 钦天监：明清两代掌管观测天文气象、计时报更、编制历书等的专门机构。

其实，以上只是民间的传说而已，实际上乾隆帝的万年吉地穴位的确定，是需要经过风水师和建筑师的精心勘选、规划和设计的。

乾隆七年（1742）五月，乾隆帝再次派遣三泰、讷亲、哈达哈、海望、三和、阿里衮、张廷璐、德尔敏等人到清东陵的胜水峪万年吉地敬谨相度。在胜水峪万年吉地，这些人再次仔细勘查，并一致认为：

> 胜水峪系昌瑞山右一脉，龙局尊贵，砂水回环，朝案端严、罗城周密。龙翔凤舞，精神凝结于中区；星拱云联，象纬朝宗于宸极。百神胥护，宏开百世之模；万寿无疆，允协万年之吉。

于是，他们同钦天监监正进爱，并同原相度官原任郎中洪文澜、郎中董启祚、相度人傅烶、钦天监博士齐克昌、天文生熊振鹏，遵照典礼之规制，配合山川之形势，规划了应建金券、宝城、殿宇、城垣、门路、桥梁等项相宜处所。经过实地测量，他们发现胜水峪"万年吉地内向壬山丙向兼亥巳、丁亥、丁巳分金于脉气最盛"。又经过验看土壤、测量和规划，初步确定了万年吉地的建筑规制和建筑尺寸。对此，《建筑工程·陵寝坛庙》中有如下详细记载：

> 堂局至中心之处，前经刨验土色，三尺有紫色土，四尺至八尺系纯细土，自九尺至一丈五尺零俱系紫黄色土，以紫黄色土为准，酌留佳土二尺以为底基之气，敬定宜深一丈三尺八寸建造。金券高二丈八尺一寸，进深二丈二尺七寸，宽三丈八尺七寸。臣等考之规制，其正中之处应留吉土长五尺五寸，宽三尺六寸以为

金井。其金券周围应建宝城，计周围六十五丈二尺四寸，高二丈一尺，垛口高四尺五寸。宝城之前接连方城。方城之前四丈应起花石台，石台之前五丈应建二柱门一座，二柱门之前四丈三尺一寸应建琉璃花门三座。琉璃花门之前一丈三尺八寸应建筒子小河一道，设平桥三座，引内水由左而右，归于丁未方，出西墙入界水河。平桥之前二丈四尺应建隆恩殿五间。东西设配殿各五间。左右设炉各一座。隆恩殿之前八丈九尺六寸应建隆恩门五间。其左设厨库一十一间，省牲亭一座、井亭一座，周围红墙共长二百五十三丈五尺二寸。隆恩门以前四丈六尺应建三路三孔桥三座。河之两岸俱宜用石包修。桥南，东西两旁各设朝房五间。三路三孔桥前十六丈一尺应建碑楼一座。左右设下马牌各一座。碑楼之前二百二十一丈七尺应建一路五孔桥一座。所有随桥泊岸酌量地势修理。以上殿台、门路、桥梁之内，俱宜照亥巳兼壬丙三分建造。自五孔桥以前臣等敬议于桥前接砌甬路一道，长三百三丈向东南稍转，与龙凤门内甬路相接。自罗圈墙至一路五孔桥前，甬路通长六百六十七丈三尺八寸。

后来，又经过仔细勘查和规划，他们认为胜水峪万年吉地的看守官员、拜唐阿、太监等办公、住宿房屋，应建在陵寝的隆恩门下砂关水之处，即现在的裕大（圈）村所在位置。

在勘查过程中，他们还发现了胜水峪风水山势上的不足。按风水理论，来龙的左右必须有起伏顿挫的砂山环绕，一重或二重，以此形成对穴区的环抱、拱卫、辅弼的地势形势。因此对左右砂的风水要求，则是高低、长短、向背及和谐对称均有彼此的制约。而裕陵砂山"惟左边贴身界气之砂稍低，需用人力赔补。考之行家之书，亦有土余，当削则削；山不足，当培则之语，乃用人力补天功之理也"。

然而，经过再次仔细勘察万年吉地四周的风水地势形势，兵部右侍郎兼都察院副都御使高斌认为：

> 至于风水应微用增培之处，查本龙龙脉入局俱系尽善尽美之山，无需增培。惟左右阴砂并近案稍低，应酌量培，令微高，以配山川形势。

高斌的意思是陵寝靠山风水尽善尽美，无需添补。只有陵寝左右的风水砂山以及案山稍微低些，可以人工稍微添补加高一些。

对于在万年吉地内应该植树的地方，测绘和规划人员都已规划标注在所绘制的绘图之内，"应昭占记之处种植"。

后来再次经过实地考察和调查，他们决定：陵寝所需用土在右边下砂之外哨马营下坎园平取用；陵寝所需用大砖的砖窑宜在蓟州、遵化地方设立；陵寝所需用的大小件青白石在大石窝、盘山取用；陵寝所需用的青砂石在马鞍山取用；陵寝所需用的豆渣石在鲇鱼关、盘山取用；陵寝所需用的白灰，其灰窑设立在古树、大老峪等处。陵寝所需用的楠木由广东、四川、湖广、福建四省运送，陵寝所需用的杉木由江南、浙江、湖广、江西四省运送，陵寝所需用的金砖由江南省烧制运送，陵寝所需用的临清砖由山东省烧制运送。

万年吉地的确定以及建筑材料的准备，无疑都谱写着这样的一个事实：大清帝国的丧葬规制自从被雍正帝打破"子随父葬，祖辈衍继"

之后，在乾隆朝又一次改道分岔。乾隆帝规定的"父子分葬，东西昭穆"制度，形成了中国历代王朝丧葬史中的独特规制和景观。

乾隆七年（1742）九月，乾隆帝利用谒陵的机会，亲自相阅了胜水峪风水，颇为满意，随后任命六名承办陵寝事务大臣，他们是果毅公纳亲、兵部尚书哈达哈、户部尚书海望、户部左侍郎三和、右侍郎阿里衮、都察院左都御史德尔敏，令他们办理胜水峪万年吉地的营建事宜。

第四章 "高大上"的"地下佛堂"

乾隆帝的裕陵是仿照康熙帝景陵规制修建的，由于它是在清朝鼎盛时期营建的，因此它又有自己独有的特色。尤其是地宫，无论是石壁、石门还是券顶上，都雕刻着精美的佛像和藏、梵文字。在地宫里，除了葬有乾隆帝，还葬有他的五位后妃。

一、建筑规制及介绍

乾隆八年（1743）二月初十日丑时，胜水峪万年吉地正式动土兴建。开工的那天，真是好日子，"维时星月交辉，云霞焕彩"，破土之处土壤"紫色细嫩，实称上吉"。乾隆十七年（1752）主体工程基本告竣，历经九年的营建，耗银二百零三万两。此后，又经过不断的修建，乾隆三十八年（1773）九月初三日，胜水峪工程才全工告竣。但此时尚不包括裕陵的圣德神功碑亭这座建筑，裕陵圣德神功碑亭建筑是在乾隆帝死后的嘉庆六年（1801）兴工，嘉庆八年（1803）完工的。

经过实际考察，裕陵的建筑规制由南往北依次如下：圣德神功碑亭、华表、五孔拱桥、望柱、石像生、牌楼门、一孔拱桥、神道碑亭、下马牌、神厨库、井亭、东西朝房、马槽沟、三路三孔拱桥及东西两侧的三孔平桥、东西值班房、隆恩门、东西焚帛炉、东西配殿、隆恩殿、玉带河及三路一孔玉带桥、陵寝门、二柱门、石五供、玉带河及一路一孔平桥、方城及明楼、哑巴院、宝顶，宝顶下面是地宫。裕陵神路的南端与孝陵主神路相接。

下面，介绍一下裕陵的主要单体建筑。

圣德神功碑亭。俗称"大碑楼"。裕陵的圣德神功碑亭是仿照康熙帝的景陵圣德神功碑亭建造的，其位置在裕陵建筑群的最南端，其规制为重檐歇山黄琉璃瓦覆顶，四面檐墙各辟一券门。亭内正中有一块方形石底座，称为"水盘"，水盘四角与景陵圣德神功碑亭水盘一样，

完美心术
乾隆帝陵卷

左上　裕陵圣德神功碑亭
左下　裕陵圣德神功碑前面
右上　裕陵圣德神功碑亭水盘
右下　裕陵圣德神功碑亭水盘角上的水旋涡

也没有雕刻鱼、龟、虾、蟹。水盘上立有两座石雕龟趺，其上竖立两统近七米高的石碑。碑文用满、汉两种文字镌刻，左（东侧）为满文，右（西侧）为汉文。碑文记述墓主人一生的功绩。

在圣德神功碑亭的海墁四角处各竖有一根华表，华表由蹲龙、天盘、云板、柱身、须弥座①、栏杆六部分构成。碑亭南面的两根华表，其顶上的蹲龙（也称"望天吼"）面向南，寓意"盼君归"；北面的两根华表，其顶上的蹲龙面向北，寓意"盼君出"。柱身自下向上，盘绕着一条升腾的五爪龙，龙首上方，穿插一块镂雕的如意云板，华表下四周建有青白石栏杆。石栏杆的望柱身上雕刻升龙和海水江崖，望柱头上分别雕有雄狮戏绣球和母狮耍幼狮。栏板上雕刻二龙戏珠和海水江崖图案。

裕陵华表　　　　　　　　裕陵华表围栏雕龙

---

① 须弥座，又称"金刚座"，系佛像底座，是我国传统建筑常用的一种台基。须弥，是梵文"苏迷卢"的讹略，意译为妙高。

五孔拱桥。位于圣德神功碑亭之北，是裕陵的第二座主要建筑。

望柱。位于石像生之南。望柱的柱体为六棱形，柱体下部是六角须弥座，柱体上为天盘，天盘上端为柱顶，上面雕刻云龙。柱体上雕刻栩栩如生的叠落如意云朵。将望柱立在石像生之前，起标志和装饰作用。

石像生。裕陵的石像生位于望柱之北，为八对，其排列次序由南往北是立狮、狻猊、骆驼、立象、麒麟、立马、武士、文士。在清陵中，裕陵是除孝陵之外石像生数量第二多的陵寝。其中，石像生中的狻猊，是孝陵所没有的，这在清陵中是唯一的特例。

牌楼门。位于石像生之北。牌楼门的构造是五间六柱五楼，即六根四方石柱做支架，以中间两根为最高，每根石柱上有一蹲龙在须弥座上，东边三柱的蹲龙面朝西，西边三柱的蹲龙面朝东，与景陵牌楼门规制一样。

一孔拱桥。位于牌楼门之北。自裕陵开始，清东陵所有陵寝拱桥的拱券上都雕刻一只吸水神兽——蚣蝮。

裕陵一孔拱桥

神道碑亭。俗称"小碑楼"。裕陵神道碑亭的位置仿景陵做法，建在了马槽沟之南。其建筑规制仿泰陵，重檐歇山黄琉璃瓦覆顶，四面檐墙各有一个拱券门，每券门有券脸石，这是清东陵第一个有券脸石的神道碑亭。亭内正中巨大的神道碑竖立在石雕的赑屃背上。碑身的阳面用满文、蒙古文、汉文三种文字镌刻"高宗法天隆运至诚先觉体元立极敷文奋武孝慈神圣纯皇帝之陵"二十七字，文字有六行，正中两行为满文，左（东）侧两行为蒙古文，右（西）侧两行为汉文，汉字是嘉庆帝御笔，并钤用有"嘉庆尊亲之宝"六字宝文。

下马牌。下马牌为石制，位于神路的两侧，神厨库之南。基座为正方形，边长约二点五米，高零点五米。基座正中竖立一个长方形石

左 裕陵神道碑碑身
右 裕陵神道碑上之"嘉庆尊亲之宝"六字宝文

牌，高四点一米，宽一点零五米，厚零点三六米。牌身东西向相对，正反面用满文、蒙古文、汉文三种文字镌刻"官员人等至此下马"八字，汉文居右，满文居中，蒙古文居左。石牌的牌身四角各砌戗鼓石一块。牌身正反面四周雕刻有如意套环纹，三种阴刻文字上均填以朱砂。

实际上，皇帝谒陵并不在这里下马，而是乘舆在朝房南房山处降舆；亲王、郡王在下马牌处下马，贝勒、公、大臣、侍卫及三品以上官员在未到下马牌处就先行下马，然后步行。

裕陵东下马牌

神厨库。位于神道碑亭东侧,是一座黄瓦红墙的小院,是祭陵时制办肉食祭品的地方。院落坐东朝西,进门迎面是单檐悬山顶五间房,称为"神厨",是专门烧造肉食祭品所用,屋里面有锅灶,房后有烟囱。南、北各三间房称为"神库",是储存神厨祭品及原料的库房。东南角有一座重檐歇山式建筑,四面各显三间,是礼部厨师宰杀牛羊的地方,称为"省牲亭"。这里煮熟的牲品称为"太牢""少牢"。古代帝王祭祀社稷时,牛、羊、豕三牲全备为"太牢"。古代祭祀所用牺牲,行祭前需先饲养于牢(蓄养牲畜的圈),所以这类牺牲称为"牢";又根据牺牲搭配的种类不同而有太牢、少牢之分。少牢只有羊、豕,没有牛。清朝陵寝的太牢后来改为一牛二羊,少牢为二羊。

井亭。位于神厨南墙外,是一座四角攒尖顶[①]建筑,内有一口水井,是专供祭陵时所用的。据说水不见天日为"纯阴之水",清宫忌用,故井亭顶部透天,井盖也凿为空心,以便让日月星三光射入井中。

裕陵井亭

---

① 四面坡,中为四条平脊相围的平顶,四角出垂脊。

裕陵井亭梁架，中间的孔为透"日月星"三光

东西朝房。裕陵东西朝房位于隆恩门前马槽沟之南的左右两侧，规制为单檐硬山黄琉璃瓦覆顶，面阔五间，有前廊，每座房后各有两座砖砌的大烟筒。每逢祭祀前，陵寝内务府的员役在东朝房内熬制奶茶，制作膳品。在西朝房内打制各种饽饽，备办干鲜果品。所以东朝房又叫"茶膳房"，西朝房又叫"饽饽房"。在我国古代，有"事死如事生""事亡如事存"的观念和做法。对待已经死去的人，要像生前一样，"践其位，行其礼，奏其乐，敬其所尊，爱其所亲"，这样才是"孝之至也"。皇帝生前，每次升朝理事，大臣们都要提前在皇宫大门前两侧的朝房内恭候；皇帝死后，陵寝修建得不但像皇宫一样富丽堂皇，而且仍然要有文武大臣来朝拜。而茶膳房、饽饽房的建筑规制、所在位置恰巧和皇宫外的朝房相似，所以称为"东西朝房"。

马槽沟。在东西朝房与东西值班房之间，有一条人工沟槽，称为"马槽沟"，用以排泄雨水。裕陵马槽沟上建有三座三孔拱桥，拱桥的两侧各建有一座三孔平桥。裕陵马槽沟上这种石桥的设计方式，成为后来帝陵标准规制。

裕陵西朝房

东西值班房。东西朝房以北是东西值班房，单檐硬山卷棚顶，面阔三间。这里是八旗官兵值班时休息之所。

裕陵东值班房

在乾隆朝以前，陵寝值班房为木质结构建筑。为了防止木料糟朽，并"以利防火"，乾隆三十五年（1770）二月二十三日，乾隆帝谕令改木板房为砖木结构建筑，日后成为定制。

089

隆恩门。又称"宫门"，是进入陵寝的大门，面阔五间，单檐歇山黄琉璃瓦覆顶，在天花支条以上，有红边青底斗匾，满文、汉文、蒙古文三种文字，额题"隆恩门"，满文居中、汉文居右、蒙古文居左。隆恩门为三座红油漆大门，每座门有门扇两个，每扇门上都镶嵌着八十一颗鎏金铜钉和一副兽面衔环铺首。隆恩门的三座门的使用，有着严格的规定：东门（左门）被称为"君门"，只能帝后出入；西门（右门）被称为"臣门"，是大臣、侍卫以及祭祀等人进出的地方；中间的门，比两侧的门稍大，被称为"神门"，是帝后棺椁进入的门。这里有一点需要注意，裕陵地宫不仅葬有皇帝和皇后，还葬有皇贵妃。皇贵妃的位号级别低于皇后，她的棺椁是不能通过中门进入陵寝的，只能走东门。隆恩门正面（南面）外接月台，月台前有石礓磜，月台东西两侧各有一座砖礓磜；隆恩门两侧陈设有弓箭架子，上面摆放着弓箭和枪。

裕陵三路三孔拱桥及隆恩门

焚帛炉。又称"燎炉",共两座,位于隆恩门北左右两侧。单檐歇山顶,椽飞、斗栱、四面炉体以及须弥座等均为琉璃构件。焚帛炉面对院内神路的一侧有一个开口,炉身四面为六角菱花琉璃隔扇。炉门内有熟铁门两扇,内安设三格生铁火池,顶棚、内火墙板以及槛框,均为生铁铸造。每次祭祀时,都要在里面焚烧祝版、祝帛、彩纸和金银锞。

裕陵西焚帛炉

东配殿。位于隆恩门之内的左侧(东面),其作用有二,一是存放祝版和制帛。所谓"祝版",就是祭祀时专门放置祝文的用具,其形制是一块约一尺见方的方形木板,白底,四周镶有黄绫边,中间部位贴祝文,祝文是皇帝祭陵时向先祖祈祷文言,为满文、汉文两种文字书写。制帛是一种用丝绸制成的帛条。由于这两件祭祀用品是皇帝表达哀思以示孝道的文书,因此地位崇高。祭祀前一天,由礼部送至陵寝东配殿备用。祭祀前，读祝官到东配殿制帛几案前，行一跪三叩礼，恭敬地捧着制帛到隆恩殿，放在供案上的筐内，再行一跪三叩礼；祝版由读祝官到东配殿供奉祝版的几案前，行一跪三叩礼，捧着祝版到隆恩殿西廊下的供案前跪下，将祝版供于案上，再行一跪三叩礼。之后，礼部官员恭请神牌，开始祭奠。二是如遇隆恩殿维修，东配殿也是临时供奉神牌的地方。每当隆恩殿大修前，将帝、后、皇贵妃的神牌提前移供于东配殿内，并在东配殿举行祭祀活动。隆恩殿大修完后，帝、后、皇贵妃的神牌再由东配殿移回隆恩殿供奉。

西配殿。是喇嘛念经的地方。自乾隆五十二年（1787）六月后，每年帝后忌辰日，由东陵隆福寺派来十三名喇嘛在西配殿念诵满洲版《药师经》。至于在乾隆五十二年（1787）之前，西配殿功能为何，目前尚不清楚。

裕陵西配殿

第四章 "高大上"的"地下佛堂"

据乾隆五十二年（1787）《内务府来文·陵寝事务》档记载：二月二十八日，乾隆帝令隆福寺喇嘛"嗣后各陵遇有素服之日，即著在陵寝西配殿念经"。祭祀前一日，喇嘛来陵安设桌张、制作巴铃等，第二日念经，第三日回隆福寺，每次喇嘛开销为二日。每人每日开支，以及制作祭品等所需物品清单如下：

每名每日老米一升一合二勺五抄，十三名共米一斗四升六合二勺五抄。

每名每日盐三钱，十三名共盐三两九钱。

每名每日醋一两，十三名共醋十三两。

每名每日酱二两，十三名共酱一斤十两。

每名每日芽茶八钱，十三名共芽茶十两四钱。

每名每日木柴五斤，十三名共木柴六十五斤。

每祭应用供献等物开后：

白米五升、巴铃面五斤、黄油斤半、冰糖二两、红糖二两、红花一钱、高香二古、红白檀香一两、棉花一两、素蜡一对重半斤。

随供十五碗：今掌仪司文开，每碗盛供七星饼五十四个，十五碗共八百十个。

供花三十四枝、羊油蜡二斤、炭五斤、木柴十斤、做巴铃黄油四两、开光小哈达一条。

以上开支及所需物品，均由东陵总管内务府衙门负责提供。

据查，喇嘛念经时，在西配殿正中设有一张方桌，方桌上放有一尊喇嘛塔，以及供器、供花、哈达、七星饼十五碗。方桌上方的墙上挂有佛像及"唐卡"（佛画），方桌南北两侧各有一张低矮条桌和长凳，供喇嘛敲打法器、口念经咒之用。

隆恩殿。也称"享殿"，俗称"大殿"，是陵寝祭祀的主要场所，也是陵寝地面建筑中等级最高的建筑。隆恩殿为重檐歇山顶，面阔五间，其主体梁架是道光年间重修的，木料为精选的上好楠杉木，结实耐用。隆恩殿内有暖阁三间，中、西暖阁内各有一座神龛，内设宝床、衾褥，上面设有香龛，香龛内供放神牌。中暖阁神龛内供奉乾隆帝神牌、孝贤纯皇后神牌、孝仪纯皇后神牌。西暖阁神龛内供奉慧贤、哲悯、淑嘉三位皇贵妃神牌。东暖阁内是佛楼，里面尊藏着佛像和古玩字画等。每年清明、中元、冬至、岁暮四时大祭和忌辰大祭，皇帝亲自前来或者委派重要王公大臣来这里祭祖陵；每月朔、望，由陵寝大臣、总管等自行祭祀，称作"小祭"。大祭日时，将神牌请出，供放在隆恩殿内的宝座上。殿内膳品桌和馂馀桌上罗列各种祭品。大、小祭祀活动除隆恩殿大修外都在这里面举行。

隆恩殿的台基为清白石须弥座，南面与月台相接，台基的东、西、北三面边沿安设着精美的石栏杆，这些石栏杆与月台上的石栏杆相连接，共有九十二根望柱，龙凤望柱头。栏板上有净瓶如意云子雕纹，花板两面做盒子心，洁白无瑕，令人赞不绝口。

台基四角各伸出螭首一头。螭首也叫"苍龙头"。螭，龙生九子之一，无角龙。西汉辞赋家司马相如认为，螭即蛟龙也。相传蛟龙凶悍无比，天下无敌。每个螭首均由一块青白石雕刻而成。台基上的四只螭首加上月台上的两只，共六只螭首朝着六个方向昂首挺出，巨牙龇开，面目狰狞可怖。隆恩殿以螭首为装饰底座，其作用有二：一是借此物之威力保卫亡灵；二是美化建筑，使之威严壮观，充分显示了皇权至高无上，神圣不可侵犯。

隆恩殿的月台正面和左右两侧共有五路踏跺（台阶）。月台前面的正中踏跺中间，设有一块精美的龙凤呈祥石雕，左龙右凤，龙凤之间雕一颗玲珑的火珠，龙凤飞舞，活灵活现，吉祥成云。下有海水江涯，海阔天高，似有无限情意。四周雕蔓草花纹，是比较典型的清朝中期浮雕作品。

裕陵隆恩殿月台东南角螭首　　裕陵隆恩殿月台前的丹陛石

隆恩殿的殿前月台上，陈设鼎式炉、铜鹤、铜鹿各一对。帝后陵隆恩殿前的鼎式铜炉内烧的是降香，铜鹤内燃烧的是炭饼。鼎式炉和铜鹤由香灯拜唐阿点燃、熄灭。

玉带桥。隆恩殿后面有一条用于排水的小河，称为"玉带河"，上设有三路一孔拱桥，桥栏杆和栏板雕刻精美，桥的两端栏杆的戗鼓石是一只石雕坐兽。人们称这三座桥为"玉带桥"。这是清陵中玉带河上唯一一座拱桥。

陵寝门。也称"琉璃花门"或"三座门"，是陵寝后院的门户。门有三座，规制相同，都是黄琉璃瓦覆顶，门两扇，每扇门的门上都镶嵌有八十一颗鎏金铜门钉。其中中间门两侧的门垛还镶嵌有琉璃中心花，以及琉璃岔角花。

裕陵三路一孔拱桥之石雕坐兽

二柱门。位于陵寝门内以北不远处的神路正中，由两根高大的四棱柱形的石柱和一个夹楼构成。每根石柱的顶部是一只仰望天空的蹲龙，俗称"望天吼"，两根石柱的蹲龙东西相向。每根石柱均戳立在用一块石料制成的两个相连的抱鼓石中间。在柱与鼓之间用一块楔形石构件戗挤其间，防止石柱倾斜歪倒。夹楼顶部覆以黄色琉璃瓦。飞椽之下是灵巧的七踩斗拱。再下是大小额枋，其间夹以花板，施以金琢墨旋子大点金彩画。

此建筑虽名为门，但实际上棺椁既不从此处过，谒陵者也不从此门通行，它的设立只是礼制性建筑而已，并没有实用价值。所以，从道光帝的慕陵开始，皇帝陵裁撤了二柱门。按清制，皇后陵不设二柱门。

裕陵二柱门

石五供。位于二柱门之北。清陵石五供仿明陵石五供规制，由石祭台和一个炉、两个花瓶、两个烛台组成。祭台为长方形石雕的须弥座，由上下三块或两块石料组成。祭台一般面阔六米、进深一点五米、高一点四米左右。五件石雕的器物一字排列在祭台台面上。其中，炉、瓶、烛台上雕刻着云、龙、日、月、兽面纹。祭台的上枋雕刻立体感很强的缠枝莲花，上下枭儿雕刻仰伏莲花瓣。下枋雕刻八宝、暗八仙、杂宝以及其他吉祥图案。这些石雕的香炉不能烧香、烛台不能照明、花瓶里的仙花不能放香，但却象征着皇陵香火永旺、神火不灭、仙花常开。长眠于地宫里的帝后们一年四季都享受着后代子孙的瞻仰。

石五供北是皇帝谒陵祭酒举哀的地方。皇帝谒陵时，步行到明楼前止步，司拜褥官将拜褥铺在石五供北面地上，皇帝跪在上面向明楼行三跪九叩礼，行礼完毕后，在东旁站立。内务府官员安设奠几，准备酒和爵盏，退下。皇帝来到石五供前祭酒三爵，每祭一次叩一次头，行礼完毕后仍然在东旁站立，西向举哀。陵寝门外排列的王以下官员，在皇帝行礼时，也一起行九叩头礼；皇帝祭酒时，随皇帝行三叩头礼，并随皇帝举哀。

玉带河。在石五供之北、方城之南，作排泄雨水之用。裕陵方城之前的这道玉带河，上面建有一座一孔平桥。这点与景陵不同，景陵的方城之前，没有玉带河。

方城及明楼。在石五供的北面有一座雄伟高大的城楼式建筑，那就是方城，上面建有明楼。关内清陵的方城与关外清陵的方城完全是两回事。关外清陵的方城是指由陵墙围成的长方形院墙，而关内清陵的方城是指明楼下面的方形城台。方城台面东、西、南三面边沿上成砌

第四章 "高大上"的"地下佛堂"

裕陵方城前的玉带河

裕陵方城明楼

锯齿状的垛口，北面边沿成砌宇墙。方城下有一条南北贯通的砖隧道，是通往哑巴院及登上方城、宝城和宝顶的必经之路。

哑巴院。通过方城下一条南北贯通的砖隧道往北走就进入了一个封闭的小空间，称为"哑巴院"。哑巴院北墙形状有些像月牙，因此称为"月牙城"。哑巴院北墙月牙城正面正中建有一座琉璃影壁，影壁正中镶嵌有琉璃中心花，中心花四角镶嵌有琉璃岔角花；影壁下面为须弥座状；影壁顶部为黄色琉璃瓦。影壁除了装饰，还有遮蔽地宫入口的作用。它的下面就是地宫的入口。哑巴院的东西两侧还建有V形的转向磴道，磴道为砖砌礓嚓，是登上方城、宝城和宝顶的必经之路。

上　裕陵哑巴院
下　裕陵琉璃影壁

明楼建在方城台面的正中,重檐歇山顶,四面檐墙各有一个拱券式门洞,建筑形式与神道碑亭相似,是全陵位置最高的建筑。楼内正中竖石碑一统,碑身阳面用满文、蒙古文、汉文三种文字镌刻"高宗纯皇帝之陵"七字,蒙古文居左(东),满文居中,汉文居右(西),字上贴金,碑上钤盖有"嘉庆尊亲之宝"六字宝文。碑座是长方形须弥座。因为碑面上涂满红色朱砂,所以又称此碑为"朱砂碑"。

裕陵朱砂碑正面

宝城及宝顶。与方城连接的是宝城，宝城上设有环城马道。宝城正中为宝顶，宝顶下面是地宫。地宫内葬有帝、后、皇贵妃的棺椁。

裕陵宝顶

裕陵是清朝鼎盛时期建的，那时正是国家财力充足、资源丰富的时期。因此，裕陵选料精美，殿宇恢宏庄严、布局得体，是清朝最具代表性的帝陵。

二、精美的地下石雕佛堂

陵寝建筑中最重要最神秘的地方就是地宫，因此地宫又被称为"玄宫""幽宫穴""地下宫殿"，是放置帝王、后、妃棺椁的地下墓室。

按清陵地宫规制，依照墓主人的身份地位，可分为五种类型。

第一种为九券四门式，这种类型的均为皇帝陵地宫。这九个券由外向内依次为隧道券、闪当券、罩门券、第一道门洞券、明堂券、第二道门洞券、穿堂券、第三道门洞券、金券。其中，明堂券和金券是横券，其他七券均为东西方向。前两券为砖券，后七券均为石券。

隧道券是一条与地宫地面成十一度角的平整光滑的砖甬道，是入葬时用龙辀送运棺椁的引路。龙辀有四个车轮，车轮铁信直径一寸五分，车上装饰许多镀金饰件。在地宫墓道上铺两条轨道，龙辀就从轨道上缓缓地将棺椁运进地宫。闪当券是墓道砖券的过渡券。而罩门券则为石门券前的石券。地宫全部是无梁无柱的拱券结构。所谓拱券，就是地宫的建筑多利用块料如砖、石等之间的侧压力，建成跨空的弧形砌体，使其能够代替梁柱承受上方的重量。

裕陵地宫隧道券

第二种类型为四券二门式，主要类型是皇后陵地宫。这四券依次是隧道券、罩门券、门洞券、金券。虽然慕陵也属于这种类型，但慕陵是属于缩减了规制的特殊帝陵类型。清东陵定东陵地宫仿慕陵规制，虽然多了一道闪当券，但仍属于此种类型。

第三种类型为四券一门式，被称为"妃型地宫"。这四道券依次是罩门券、门洞券、梓券、金券。建有方城、明楼的皇贵妃地宫则多一道隧道券和闪当券，但也属于这种类型。因此，皇贵妃、贵妃、妃都使用这种类型的地宫。

第四种类型为砖券式，此类型为嫔和贵人的地宫。此类地宫只建一道砖券，无石门，券前有一道挡券墙。

第五种类型为砖池式，砖池也叫"天落池""天罗池"，被称为"常在型地宫"。就是用砖砌成的长方形池子，个别的也有用条石砌成的。棺椁从池口落下，盖上棚石，成砌月台，上建宝顶。实际上，常在、答应、格格等低级嫔御的地宫都是这种类型。

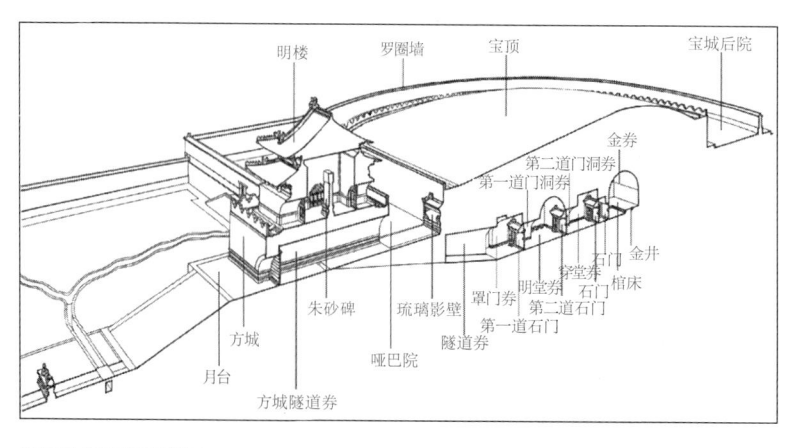

裕陵地宫构造示意图

虽说什么类型的地宫葬什么人，但并不是严格不变的。以上所说只是大概，比如道光帝的三个贵妃用的都是砖池，咸丰帝的庆妃也是用的砖池，嫔和贵人用砖池的则更多。

裕陵的地宫是标准的九券四门形式。其隧道券进深三十二米，宽四米。地宫进深五十四米，落空面积三百七十二平方米。地宫无论是墙壁还是券顶，以及石门的正背两面都有佛教内容的石雕图案，内容虽多但不繁乱。从雕刻的内容看，石门上刻有端庄慈祥、亭亭玉立的八大菩萨，墙壁上刻有威风凛凛的四大天王，券顶上有姿态各异的五方佛、二十四佛、宝塔等，平水面墙上有五欲供、狮子、宝珠。月光石上雕刻有轮、螺、伞、盖、花、罐、鱼、长八宝图案，门垛、墙壁、石门背面等处用梵文和藏文刻有大量的佛经和咒语。从雕刻的手法上看，采用了高浮雕、浅浮雕和阴刻三种方法。并且不同的图案、不同的部位采用不同的手法。例如，石门上的八大菩萨和第一道门洞两壁上的四大天王，因处于最显著的部位，进入地宫能给人以第一印象，所以采用的手法是立体感极强的高浮雕，使图案形象逼真，栩栩如生，给人以威慑震撼的感觉；而一般的装饰性图案，如八宝、狮子、塔等则是用浅浮雕的方法。起衬托作用的梵文和藏文则采用阴刻的手法。这些艺术性的处理方法，使得整座地宫的图案主次分明，层次感极强。

地宫共有四道石门，石门为仿木结构，石门的门楼都是用整块青白石雕琢而成的，出檐瓦垄，兽吻横梁，雕刻十分精致。门楼上方呈半圆形的月光石中，雕有佛像。佛像左手说法印，结跏趺坐。两旁为奔巴壶、孔雀翎、法螺等吉祥物。在门簪、门对上，刻着同样的梵文经咒。

裕陵地宫的四道石门，每道石门均为对开两扇，每扇石门均高三米、宽一点五米、厚零点一九米，由整块青白石制成，重达六千余斤。但由于巧妙的设计，每扇门的厚度不是平均的，门轴那边厚，门外边薄，这样就减轻了对上门轴的拉力。又在门扇的上方安有一根一万多斤重的长条四棱形的铜管扇，因此，沉重的石门在运转时灵活自如。在石门门扇背面，雕刻着梵文和纹饰。石门门后还雕刻有磕绊，磕绊的作用就是封闭石门时，将顶门石的上端顶在磕绊的下面，将顶门石的下端戳在地面的凹槽中，借助磕绊不移动的特性来固定石门。

裕陵地宫第一道石门门后的雕刻及磕绊

地宫的四道石门上雕有八大菩萨的立像，八尊菩萨立像均为女性，身高一点五米左右，体态异常优美。她们头戴莲花佛冠，梳着高高的发髻，长发披肩，两耳佩环，袒胸露臂，身穿羊肠大裙，佩戴璎珞垂珠，肩披随风飞舞的长巾，双手掐西番莲，在莲花上承托着法器。她们赤着双脚，亭亭玉立于芙蓉之上，脉脉含情，既恬静又温纯，宛如游春的少女，楚楚动人。八尊菩萨立像均采用高浮雕的手法，肌体丰满，神态自若。人物的背光处还雕刻有装饰性的珠文、蔓草，周缘布以卷云纹。菩萨脚下，水波涟漪，芙蓉怒放。其中：

右上 裕陵地宫第一道石门西扇上的大势至菩萨
左上 裕陵地宫第一道石门东扇上的文殊菩萨
右下 裕陵地宫第二道石门西扇上的地藏王菩萨
左下 裕陵地宫第二道石门东扇上的观世音菩萨

右上 裕陵地宫第三道石门西扇上的虚空藏菩萨（月光菩萨）
左上 裕陵地宫第三道石门东扇上的除盖障菩萨（日光菩萨）
右下 裕陵地宫第四道石门西扇上的普贤菩萨
左下 裕陵地宫第四道石门东扇上的慈氏菩萨

第一道石门，西扇上雕刻的是代表大力的大势至菩萨，其右肩花上托着的降魔杵能驱散邪恶，左肩花上托着的法铃可传播法音；东扇雕刻着代表大智的文殊菩萨，右肩花上托着的宝剑能断除烦恼，左肩花上托着的经卷可使众生增长智慧。

第二道石门，西扇上雕刻的是代表大愿的地藏王菩萨，右肩花上托着的画卷能满足众生无边之善愿；东扇雕刻着代表大慈大悲的观世音菩萨，右肩花上托着的念珠象征着诸佛无量。

第三道石门，西扇上雕刻的是虚空藏菩萨，其右肩花上托着的月牙儿象征着清凉；东扇雕刻着除盖障菩萨，右肩花上托着的太阳象征着光明。

第四道石门，西扇上雕刻的是代表大行的普贤菩萨，右肩花上托着的法杵能降服众妖魔鬼怪，成就一切善愿；东扇雕刻着代表大富贵的慈氏菩萨，右肩花上托着的法轮象征着勇于进取，誓不退转。

其中，地宫的第四道石门，左门扇的门轴在1928年7月的盗陵中被损坏，右门扇则被炸坏。因此，两扇石门被陈放在金券内东西两侧的棺床上。

乾隆帝令人在地宫四道石门上雕刻这八尊端庄秀美的菩萨，护佑地宫内的死者亡灵，令死者安然地生活在阴间的"极乐世界"。乾隆帝的这种做法，既有创意，又有寓意。

裕陵地宫中还遍布"八宝"纹饰。在石门背后平水墙上的月光石内、明堂券月光石上，以及金券东西壁月光石上，都刻有八宝，这是佛前的八件供器，藏文名为"八吉祥相"。石门门轴处的墙上竖向八宝排列顺序是：螺、轮、伞、结、盖、鱼、瓶、花。八宝象征着吉祥如意，具体解释是：螺称"法螺"，佛说具菩萨果，妙言吉祥之谓召唤天神；轮称"法轮"，佛说大法圆转，万劫不息之谓誓不退转；伞称"宝伞"，佛说张弛自如，曲覆众生之谓慈荫众生；盖称"白盖"，佛说偏覆三千，净一切药之谓庄严佛土；花称"莲花"，佛说出五浊世，无所染着之谓清净无染；瓶称"宝瓶"，佛说福智圆满，具备无漏之谓甘露清凉；鱼称"金鱼"，佛说坚固活泼，解脱坏劫之谓福德有余；结称"盘长"，佛说回环贯彻，一切通明之谓吉祥如意。"八宝"虽为佛前供品，但因寓意吉祥，所以在民间，服饰、家具、器皿上也广为应用。一般排列顺序为：轮、螺、伞、盖、花、罐（瓶）、鱼、长（结）。

裕陵地宫明堂券月光石上的八宝等图案

裕陵地宫第一道门洞券的东西两侧石壁上，雕刻着四天王坐像，俗称"四大金刚"。这四位天王是印度神话中的人物，佛教也沿用其说。四天王本是佛祖释迦牟尼的外将，他们各居须弥山腰一山，名"犍陀罗山"，山有四峰，各护持东、西、南、北方的天下，故也称"护世四天王"。其中：

东方持国天王：梵名"提多罗吒"，佛教护世四天王之一，主守东方。他居住在黄金埵，率领诸毗舍阇等守护东方弗提婆洲，故称为"东方持国天王"。他的形象有：身着天衣，左手伸臂下垂持刀，右手臂向前微曲，仰手掌中托着宝珠；还有：身为青色，紫色头发，面显忿怒状，穿着红衣甲胄，手持大刀。中国的佛教寺院大多是四大天王一起供奉在天王殿中。而裕陵地宫门洞券西侧石壁北端的东方持国天王，则是身披战甲、头戴盔胄，手持琵琶为法器，护持着东方国土的人们。

东方持国天王

南方增长天王：梵名"毗流驮迦"，佛教护世四天王之一，主守南方。居住在琉璃埵，率诸鸠槃茶、薜荔等守护南方阎浮提洲。他能使人们增长善根，故称为"南方增长天王"。他的形象有：身为青色，着天衣，右手执矟（长杆矛），矟根着地；还有：身为赤紫色，绀色头发，脸显忿怒相，身穿甲胄，一手叉腰，一手持金刚杵。而裕陵地宫门洞券西面石壁南端的南方增长天王，则是身披甲胄，怒目圆睁，手持宝剑为法器，护持着南方国土的人们。

南方增长天王

西方广目天王：梵名"毗留博叉"，佛教护世四天王之一，主守西方。居住在白银埵，率领诸龙族及富单那等守护西方瞿耶尼洲。他的形象为：左手持矟，右手执赤索，身着天衣；亦有身为肉色，臂挂黑丝，面露微笑，身着甲胄，手持笔作书写状者；还有身为红色，手中缠绕一龙的。而裕陵地宫门洞券东面石壁南端的西方广目天王，则是身着甲胄，右手托塔，左手缠龙为法器，护持着西方国土的人们。

西方广目天王

北方多闻天王：梵名"毗沙门"为多闻之意。佛教相传他经常守护佛法，维护如来道场，常得听到如来说法，故有"多闻天"之称。他率领夜叉、罗刹等守护北方郁单越洲。在印度，他是主司施福护财的善神。他的形象多为身穿甲胄，面现忿怒畏怖之相，一手托宝塔，一手持戟梢，一手托腰，身青黑色，足踩二夜叉鬼。一般天王殿里所塑多闻天王，多为头戴毗卢宝冠，一手持伞，以表福德之意。或坐或站，脚下踩有夜叉鬼。而裕陵地宫门洞券东面石壁北端的多闻天王，则是头戴毗卢冠，身着甲胄，右手执宝幢，左手握吐宝银鼠为法器，护持着北方国土的人们。

北方多闻天王

四位天王手中的法器各有寓意，南方增长天王的"宝剑"舞动生"风"；东方持国天王的"琵琶"谐音要"调"；北方多闻天王的"宝幢"可以遮"雨"；西方广目天王的"缠龙"已被降"顺"，合起来即为"风调雨顺"的吉祥含义。

第一道石门的月光石上雕刻着一尊佛，为三十五佛之一，在佛像上部的左右两侧用藏文刻着名字。

明堂券的券顶雕有五方佛，密宗之"五方佛"又称"五智佛""五智如来"。据《菩提心论》记载："大日如来为教化众生，将其自身具备的五智变化为五方五佛。"中央毗卢遮那佛（大日如来），代表法界

裕陵地宫第一道石门月光石上的佛像雕刻

性智；东方阿閦佛（不动如来），代表大圆镜智；南方宝生佛，代表平等性智；西方阿弥陀佛，代表妙观察智；北方不空成就佛，代表成所作智。五方佛取东南西北中、木火土金水、青白赤黑黄等五方、五行、五色与之相结合，进一步阐明五方佛的教义。

裕陵地宫明堂券券顶上的五方佛

1.毗卢遮那佛：以大地中央为发心之位。他以本有的菩提心坚固不动，为诸法本源之体性，犹如大地之坚固不动，且为万物之中心。面为白色，象征无垢、无恶。他右手持法轮，象征法轮常转，左手持铃，象征他以和蔼可亲、慈悲的能力法度施教；在大日如来佛的身边，还围绕着八尊佛。

2.阿閦佛：他代表"觉性"。以东方为发心之位。他以本有的菩提心，发归回菩提心。修万行，而种种行为都圆具，无有缺欠。犹如其虚空能容万物一样。代表了大圆镜智，亦名"金刚智"。东方为万物之始，与万行之起相应。青色含五色，故青色能与万行之意相应。其形象为偏袒右肩，左手作拳，执袈裟角，安脐前；右手伸五指，手指下垂，成触地印。

3.阿弥陀佛：他代表智慧。以西方为涅槃之位。阿弥陀佛也称"无量寿佛""无量光佛"，有"涅槃"之德、风大之德，犹如世人之寿赖于风息。其观察说法与风大之能杀能成二德相应。其在西方，与观世音、大势至菩萨相配合成"西方三圣"。因涅槃为万物之终归，对于东方的万物起首相应。其白色是无量佛的佛光和无染的白水相应。其形象为结跏趺坐于莲台上，双手仰掌，叠置足上，掌中托一莲台，表示接引众生往生西方、莲花化生之意。

4.宝生佛：他代表福德。以火大为南方，为成菩提之位。以其万行成熟，开菩提之花，犹如火热促进草木生长。宝生佛，亦称为"开敷华王如来"，密号为"平等金刚"，代表大日如来五智中的"平等性智"。其"平等性智亡说法"，犹如火能烧尽万物。所以将南方配为赤色，不言可知，形象为金身端坐结跏趺坐于莲台上，左手执衣角，右手仰掌，成满愿印，或左手为拳，右手向外，略屈无名指与小指，其余伸直，作与愿印。

5.不空成就佛：他代表事业。以水大为北方，是为方便究竟之位，成就利他之业。与众生之机能、除去迷妄，犹如水之方圆随其器，且能洗尘垢。其在北方，依印度之俗，北方为胜方，其究竟位与胜方相应。黑色是染色之至极，故黑色与究竟位之至极相应。

在五方佛的外围，雕刻有八尊佛，为三十五佛之中的八尊佛，在佛像上部的左右两侧用藏文刻有名字。

在第二道石门两侧雕刻着"狮子进宝"图案。

第二道石门两侧雕刻着"狮子进宝"图案

裕陵地宫明堂券"狮子进宝"　　"狮子进宝"雕刻
雕刻线描图

　　明堂券两侧的地上摆放有八个方形石制须弥座，称为"册宝座"。上面原陈设册宝箱，其中盛放有皇帝、皇后的印和册。不幸的是，这些印和册于1928年7月被盗走。

裕陵地宫内册宝座

118

第二道门洞券顶雕刻着一对喇嘛塔。

第二道门洞券顶上的喇嘛塔雕刻

进入穿堂券，券顶刻有二十四佛，是三十五佛中的前二十四位，他们也称为"如来"。在《佛学大辞典》中记载："如来，梵语曰'多陀阿伽陀'，译音'如来'，佛十号之一。如诸佛乘如实道来成正觉。今佛亦如是来，故名'如来'。"在《菩萨忏悔文》中记载："纳摩菩提萨埵之忏悔文，诵我之名。皈依上师，皈依佛，皈依法，皈依僧。"

裕陵地宫中的二十四佛，各个面相端庄，头顶发髻，双耳佩环，身披法衣，袒胸露臂，在莲花台上结跏趺坐。各自做着不同的手印，显示着各自的法力。身后的背光里有卷曲的祥云和香花瑞草，背光顶端两侧还以藏文刻着每尊佛的名号。与藏传佛教的书籍中所记载的佛

裕陵地宫穿堂券内二十四尊佛像中的十二尊佛像

号相符，因此又都称为"如来"。即纳摩能催金刚藏如来，简称"金刚藏如来"；纳摩宝焰如来，简称"宝焰如来"；纳摩龙自在如来，简称"龙自在如来"；纳摩勇猛军如来，简称"勇猛军如来"；纳摩吉祥喜如来，简称"吉祥喜如来"；纳摩宝光如来，简称"宝光如来"；纳摩宝月光如来，简称"宝月光如来"；纳摩不空见如来，简称"不空见如来"；纳摩宝月如来，简称"宝月如来"；纳摩无垢如来，简称"无垢如来"；纳摩吉祥施如来，简称"吉祥施如来"；纳摩清净如来，简称"清净如来"；纳摩清净施如来，简称"清净施如来"；纳摩水王如来，简称"水王如来"；纳摩水王天如来，简称"水王天如来"；纳摩贤吉祥如来，简称"贤吉祥如来"；纳摩旃檀功德如来，简称"旃檀功德如来"；纳摩无边威光如来，简称"无边威光如来"；纳摩光德如来，简称"光德如来"；纳摩无忧德如来，简称"无忧德如来"；纳摩无爱子如来，简称"无爱子如来";纳摩功德花如来,简称"功德花如来";纳摩清净光游戏神通智如来,简称"清净光如来";纳摩莲花光游戏神通智如来,简称"莲花光如来"。

二十四佛的雕刻布局严谨,为突出佛像的主体,特别是头部,经过周密地计算和安排,都躲过了石料接缝处,每尊佛像都采用了高浮雕手法,突出了主题。背光的卷云边饰,线条流畅,精雕的花卉枝叶繁茂,烘托得佛像更加肃穆庄严。

在穿堂券的东、西两壁雕刻有巨幅五欲供,这些雕刻图案以形象的手法将帝后们向往西方乐土的意图充分显示出来。五欲供即在五件精雕细琢的器座上,雕出上升的五簇莲花,在花朵间各承托着明镜、琵琶、涂香、水果、天衣等五件器物。通过人体感官,表现出五种欲望。佛教认为,"色、声、香、味、触"为物质之根本,称为"五唯"。又因"色、声、香、味、触"与"眼、耳、鼻、舌、身"等五根所缘之境界而称为"五境"。它能使人起欲心,故"五唯""五境"又称为"五欲"。人们面对"五欲供",用"眼睛"从"明镜"的映照中,可以窥见面容的"姿色";用"耳朵"从"琵琶"的弹拨中,可以聆听到乐曲的"美声";用"鼻子"从"涂香"的扩散中,可以闻嗅到袭人的"幽香";用"舌头"从"水果"的汁液中,可以品尝到馨香的"滋味";用"身体"从"天衣"的穿着中,可以享受到华服的"感触"。概括起来,即"眼、耳、鼻、舌、身、色、声、香、味、触"十个字。佛教徒以"五欲供"为戒,戒除"五唯""五欲",即可走出"五境",步入西方极乐世界。

裕陵地宫穿堂券东西两平水墙上的五欲供　　裕陵地宫穿堂券五欲供雕刻线描图

第三道石门的月光石上雕刻着一尊佛像，为三十五佛之一，在佛像上部的左右两侧用藏文刻有佛的名字。

金券，是地宫最后的堂券，是停放棺椁的墓室。金券正面和左右两侧有十二米长的艾叶青石棺床，石床上停放着乾隆帝及其后、妃的六具棺椁。其中，石床的正中停放着乾隆帝的棺椁，棺下有一口"金眼吉井"，相传这口井不管天气多旱，井水也不干涸；无论多涝，井水也不外流，因此被称为不竭不溢的"金眼吉井"。实际上这口井并没有水，井的直径只有十多厘米，它只是一个确定地宫建筑位置和水平方向的"穴"位，其中随葬了一些乾隆帝生前喜爱的珍宝。

在九米多高的券顶中央，并排刻着三朵大佛花，佛花为二十四片花瓣，花心由梵文和佛像组成，居中为娑婆世界的释迦牟尼佛，左侧为东方琉璃世界的药师佛，右侧为西方极乐世界的阿弥陀佛，每尊佛周围均有六字大明咒，即"唵、嘛、呢、叭、咪、吽"六个字音组成的"六字大明真言"，用以乞福求祥。"唵"表示"佛部心"，念字时，只有自己的身、口、意与佛完全一致，才能获得成就；"嘛呢"为"如意宝",此宝到手,入海无宝不聚,上山无珍不得,故又称"聚宝";"叭咪"为莲花,表示法性如莲花一样纯洁无瑕;"吽"表示"金刚部心",祈愿成就的意思。藏传佛教把这六个字看作经典的根源,主张信徒循环往复持诵思维,念念不忘,认为这样才能积功德,"功德完满"可得解脱。佛花周围簇拥着珊瑚、火珠、法杵等吉祥器物。

裕陵地宫金券券顶三尊佛周围梵文－观音心咒

裕陵地宫金券券顶三尊佛外围梵文－消业咒

第四道石门的月光石上雕刻着一尊佛,为三十五佛之一,在佛像上部的左右两侧用藏文刻着名字。

金券的东西两侧平水墙上的半圆的月光石上,刻有佛像和八宝图案。

金券平水墙下的围墙及各券顶、券壁还有以阴刻手法刻的兰扎体[①]梵(古印度文)、番(藏文)两种文字的经咒。据《朱批奏折》记载,

---

① 兰扎体是元、明、清三朝常用来书写佛教经咒的一种梵文字体,除兰扎体外,还有悉昙体。

所刻的梵（大西天）文经咒有白伞盖心咒、三字咒、金刚手心咒、六字大明咒等，共计六百四十七个字；所刻番文（小西天）均为番文注音的经文，计有两万九千四百六十四个字。

裕陵地宫金券月光墙

裕陵地宫金券东壁平水墙月光石同围－尊圣佛母咒

据清宫档案记载，裕陵地宫的梵文经咒有白伞盖心咒、三字咒、金刚手心咒、六字大明咒、五方佛种子咒、顶轮王咒、五字文殊咒、不动佛咒等。

裕陵地宫布局紧凑，主次分明，图文相济，雕工精细，所雕菩萨、金刚、佛像，其眉目举止，都活灵活现传神移情，所雕器物也是形象逼真。

当时主持裕陵地宫雕刻的是和硕和亲王弘昼和多罗慎郡王允禧，其中仅雕工一项就花费工时三年，工银费花销约一万两。

目前，裕陵地宫这些精美的雕刻，已经成为中国雕刻史上不可或缺的一部分。

三、裕陵的特点

通过实地考察发现，裕陵虽然是仿照景陵规制营建的，但由于经济实力充足、地形地势等一些原因，也有它自身的一些特点。通过归纳，裕陵的这些特点如下：

1.裕陵的圣德神功碑亭与五孔拱桥之间有一座砂山，在风水上起到了案山的作用。而它的这座案山，实际上是由人工堆砌而成的砂山，目前这在清东陵中是唯一还存在的。

2.裕陵的石像生数量为八对（立狮、狻猊、骆驼、立象、麒麟、立马、武士、文士），比景陵的石像生（立狮、立象、立马、武士、文士）多了三对，在数量上仅次于孝陵。裕陵的石像生是建在笔直的神路两侧，而景陵的石像生则是建在弯曲的神路两侧。在种类上与孝陵也有所不同，其中裕陵石像生之狻猊是孝陵石像生所没有的。

3.裕陵在石像生之北、牌楼门之南这段神路之上，铺有一段宽于神路的豆渣石路面，这段路面被称为"车辇石"。这是为通过这段神路的车辆和人员特意铺设的，目的是避免车辆横穿过神路碾压坏神路路面。裕陵的这段车辇石的铺设方向为东西向。而景陵神路上的车辇石路建在了远离牌楼门处，并且车辇石路的方向为南北向。

裕陵五孔拱桥南的人工堆砌的案山

裕陵车辇石

4.裕陵的所有拱桥，包括裕陵妃园寝的拱桥，其每个拱券之上均雕刻有一只吸水神兽——蚣蝮。景陵及孝陵的拱桥的拱券上，却没有这种石兽的雕刻。

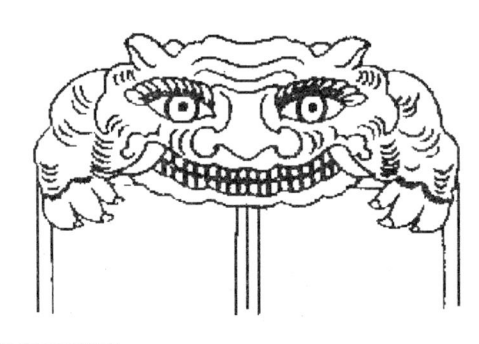

蚣蝮正面绘图

5.裕陵的东、南、西三面有砂山，神路在南面砂山的中间通过，通过之处的砂山低于左、右其他砂山的高度，因此在地势上形成了一道低矮的土坡，其形状类似于拦水坡。这是景陵所没有的地势。

6.裕陵的神道碑亭虽然是仿照景陵修建的，也是建在了马槽沟之南，但其神道碑亭的四个券门洞都有券脸石，并且券脸石上均雕刻有纹饰图案。这是景陵神道碑亭所没有的。

7.裕陵的神厨库位于裕陵东朝房不远处，并且裕陵神厨库的南墙外是井亭，这种建筑布局是仿照泰陵营建的。而景陵因地势原因，其神厨库离景陵东朝房较远，并且景陵的神厨库南墙外并没有井亭，其井亭的位置到现在也不知道在哪里。

8.裕陵东西朝房以北的马槽沟上的三路三孔拱桥两侧，分别建有一座三孔平桥，并且成为以后帝后陵寝的定制。而景陵的马槽沟三路三孔拱桥两侧，则没有建这种平桥。

9.裕陵的东面建有两条南北向的马槽沟，并且这两条马槽沟的中间有一座南北向的砂山。这两条马槽沟中的西面马槽沟上还建有一座一孔平桥通到被夹的砂山之上。这些都是景陵没有的。裕陵的西面北侧马槽沟上，也建有一座一孔平桥。

上 裕陵前马槽沟东段
下 裕陵东侧第一道马槽沟及一孔平桥

10.裕陵的所有踏跺上的条石均是整块的，没有拼接的。这是景陵及其他陵寝所没有的。

裕陵隆恩门踏跺

11.裕陵隆恩门前月台的东西两侧是石踏跺，并且成为以后帝后陵定制。而清东陵的景陵及之前的帝后陵则建的是砖礓嚓。

裕陵隆恩门月台西踏跺

12.裕陵的隆恩殿东暖阁建有佛楼，并且是上下两层，首创了皇帝陵建佛楼制度。这是景陵所没有的。

13.裕陵陵寝门前和方城前均建有玉带河，并且在陵寝门前的玉带河上还建有雕刻精美的三座拱桥，这是景陵及其他清陵所没有的。

14.裕陵方城前两侧的玉带河，其形状为美观的弯曲状。

15.裕陵石五供上面的五件石器，其周身都雕刻有精致的纹饰；并且五件石器的顶部炉顶、灵芝花、蜡烛及火焰，均采用名贵的紫砂石雕刻而成。而景陵石五供的五件石器，上面均是素面，没有任何雕刻。并且景陵及之前的帝后陵石五供，其香炉及炉顶均由一块石料雕刻而成。

16.裕陵哑巴院内的琉璃影壁墙，其镶嵌的岔角花都较大，其中东西两侧的上下两个琉璃岔角花基本连在了一起。而景陵的琉璃影壁墙的岔角花，东西两侧的上下岔角花相距较远。

第五章 揭开皇陵深处面纱

裕陵地宫里安葬着乾隆帝的五位后妃，她们生前地位不同，死后是如何从北京安葬到二百多里远的裕陵地宫里，这在历史上是有详细记载的。作为死者安息的陵墓，裕陵也有很多历史之谜。

一、地宫里的后妃

裕陵地宫里，除了葬有乾隆帝，还葬有他的两位皇后和三位皇贵妃，即孝贤纯皇后、孝仪纯皇后、慧贤皇贵妃、哲悯皇贵妃和淑嘉皇贵妃。死后能与皇帝合葬在一起的女人，生前都是很了不起的重要人物，起码在皇帝心中，她们占据着重要的位置。

下面，根据档案的记载将她们的人生经历简单介绍一下，以飨读者。

孝贤纯皇后，富察氏，镶黄旗满洲人，察哈尔总管李荣保之女，保和殿大学士傅恒之姐。生于康熙五十一年（1712）二月二十二日，比乾隆帝小一岁。雍正五年（1727）七月十八日，乾隆帝还是皇子时，雍正帝令富察氏为皇四子嫡福晋，时年十六岁。雍正六年（1728）十月初二日子时生皇长女，两岁即殇。雍正八年（1730）六月二十六日申时生皇二子永琏。雍正九年（1731）五月二十四日生皇三女即固伦和敬公主，此公主于乾隆十一年（1746）下嫁科尔沁达梅汉亲王罗卜藏衮布之子和硕亲王色布腾巴勒珠尔。雍正十三年（1735）八月二十三日（雍正帝去世当日），奉懿旨称为"皇后"。乾隆帝登极之后，于乾隆二年（1737）十二月初四日以金册、金宝行册立礼，立富察氏为皇后，时年二十六岁。皇后生活节俭，平时所戴冠为通草绒花，也不佩戴珠宝玉器。每次给乾隆帝进献荷包，也仅是以鹿羔绒为燧囊，仿先世关外的风俗习惯，以这种方式表达自己没有忘记老祖宗的习俗。乾隆三年（1738）十月十二日巳刻皇二子永琏亡。乾隆十一年（1746）

孝贤纯皇后朝服像

四月初一日子时皇七子永琮生，后因患痘两岁即殇，谥"悼敏"，嘉庆四年（1799）三月又追封为哲亲王。乾隆十三年（1748）二月，乾隆帝奉皇太后率皇后东巡。驻跸北口至曲阜，谒孔林。至泰安诣岱狱庙，登泰山。三月驻济南，幸趵突泉，侍太后阅兵，幸历下亭。三月十一日回銮，至德州登舟，皇后崩逝，时年三十七岁。皇后崩逝后，皇太后亲临看视，悲恸良久。乾隆帝命庄亲王允禄、和亲王弘昼恭奉皇太后御舟缓程回京。乾隆帝自留德州，亲视殡殓完毕，护送皇后梓宫回京。皇后梓宫经通州抵京，由东华门入苍震门，奉安于长春宫，后移至景山，停在观德殿，以后又迁至静安庄。直到乾隆十七年（1752）十月十三日辰时，才奉移梓宫到直隶遵化州清东陵。十月二十七日，孝贤纯皇后梓宫奉安于胜水峪地宫。富察皇后死后累加谥号，至道光三十年（1851），谥号全称为"孝贤诚正敦穆仁惠徽恭康顺辅天昌圣纯皇后"，简称为"孝贤纯皇后"。

孝贤纯皇后是最先葬入乾隆裕陵地宫的。裕陵建成之初，被称为"孝贤皇后陵"。

孝仪纯皇后，魏佳氏，内管领清泰之女。本为汉军正黄旗包衣管领下人，嘉庆二十三年（1818）正月二十七日，抬入镶黄旗满洲，嘉庆帝令人将玉牒内孝仪纯皇后的母家之姓"魏氏"改写成"魏佳氏"。雍正五年(1727)九月初九日生,比乾隆帝小十六岁。乾隆十年(1745)初入宫为贵人。乾隆十年(1745)十一月十七日,乾隆帝命工部尚书哈达哈为正使、内阁学士伍龄安为副使,持节册封贵人魏氏为令嫔。乾隆十四年(1749)四月十五日晋为令妃。乾隆二十一年(1756)七月十五日寅时生皇七女。乾隆二十二年(1757)七月十七日午时生皇十四子永璐,四岁殇。乾隆二十三年(1758)七月十四日戌时生皇九女。乾隆二十四年(1759)二月晋贵妃。乾隆二十五年(1760)十月初六日丑时于圆明园"天地一家春"生皇十五子颙琰。乾隆二十七年(1762)十一月三十日丑时生皇十六子,四岁殇。乾隆三十年(1765)六月随乾隆帝第四次南巡,回京后晋皇贵妃。乾隆三十一年(1766)四十千秋,五月十一日子时生皇十七子永璘。乾隆四十年(1775)正月二十七日乾隆帝视皇贵妃疾,二十九日皇贵妃薨逝,年四十九岁。皇贵妃死后不久,金棺最初移到吉安所安放,乾隆四十年(1775)二月初五日奉移静安庄暂安。乾隆四十年(1775)二月二十一日,册谥为令懿皇贵妃。乾隆四十年(1775)十月二十六日辰时,葬入裕陵地宫。乾隆六十年(1795)九月初三日,乾隆帝于勤政殿宣布,立皇十五子嘉亲王颙琰为皇太子,十月二十七日追谥令懿皇贵妃为孝仪皇后。自嘉庆四年(1799)至道光

令妃(后来的孝仪纯皇后)

三十年（1850）屡加谥为"孝仪恭顺康裕慈仁端恪敏哲翼天毓圣纯皇后"，简称"孝仪纯皇后"。

孝仪纯皇后是死后二十年才追封的皇后，按序被列为乾隆帝的第三位皇后，也是最后一位皇后。

贵妃（后来的慧贤皇贵妃）

慧贤皇贵妃，高佳氏，为大学士高斌之女。初隶包衣，后出包衣入镶黄旗满洲，嘉庆二十三年（1818）正月二十七日，嘉庆帝令人将玉牒内慧贤皇贵妃母家之姓改写成"高佳氏"。初侍宝亲王弘历藩邸为使女，雍正十二年（1734）三月初一日钦奉雍正帝谕旨，册封为弘历侧福晋。乾隆二年（1737）十二月初四日，乾隆帝命保和殿大学士张廷玉为正使、内阁学士索柱为副使，持节册封庶妃高氏为贵妃。乾隆十年（1745）正月二十三日谕："朕奉皇太后懿旨，贵妃诞生望族，佐治后宫孝敬性成，温恭素著，著晋封皇贵妃。"二十五日皇贵妃高氏薨，二十六日谕曰："皇贵妃高氏，著加封慧贤皇贵妃。"她的金棺暂安放在静安庄殡宫，乾隆十七年（1752）十月二十七日，随孝贤纯皇后梓宫自静安庄送入裕陵地宫从葬。

哲悯皇贵妃，富察氏，满族，佐领翁果图之女，初入侍乾隆帝藩邸，为格格。雍正六年（1728）五月二十八日午时生皇长子永璜。雍正九年（1731）四月二十七日寅时生皇二女，十二月初九日申刻殇。

富察氏于雍正十三年（1735）七月初三日薨，乾隆元年（1736）十月追封为哲妃。乾隆十年（1745）正月二十四日，乾隆帝谕曰："大阿哥生母哲妃，著追封皇贵妃，所有应行典礼该部察例具奏。"二十六日谕曰："皇贵妃富察氏，著追封哲悯皇贵妃。"乾隆十七年（1752）十月二十七日，随孝贤纯皇后梓宫送入裕陵地宫从葬。

淑嘉皇贵妃，金佳氏，正黄旗满洲，生于康熙五十二年（1713）七月二十五日，上驷院卿三保之女，其兄为吏部尚书金简。初隶内务府汉军旗。嘉庆二十三年（1818）正月二十七日，嘉庆帝令人将玉牒内淑嘉皇贵妃的母家之姓改写成"金佳氏"。雍正年间入侍弘历潜邸。乾隆帝即位后，初封贵人。乾隆二年（1737）十二月初四日，命礼部尚书任兰枝为正使、内阁学士吴家骐为副使，持节册封贵人金氏为嘉嫔。乾隆四年（1739）正月十四日卯时生皇四子永珹。乾隆六年（1741）十一月晋嘉妃。乾隆十一年（1746）七月十五日午时生皇八子永璇。乾隆十三年（1748）七月初九日亥时生皇九子，未命名，两岁殇。乾隆十四年（1749）四月初五日，晋嘉贵妃。乾隆十七年（1752）二月初七日辰时生皇十一子永瑆。嘉贵妃于乾隆二十年（1755）十一月十六日薨，享年四十三岁。乾隆帝谕旨："钦奉皇太后懿旨，嘉贵妃患病薨逝，著追封皇贵妃，钦此。此一切丧仪，该衙门察例

嘉妃（后来的淑嘉皇贵妃）

敬谨举行。"十七日册谥嘉贵妃为"淑嘉皇贵妃"。乾隆二十二年（1757）十一月初二日，淑嘉皇贵妃金棺从葬裕陵地宫。

二、从北京到东陵

清朝帝后棺椁从北京运到清东陵的行动被称为"奉移"，其过程中举行的礼仪被称为"奉移礼"。从隆恩殿葬入地宫这一过程，被称为"奉安"，这一礼仪被称为"奉安礼"。棺椁奉移至陵寝以及葬入地宫等这一过程，涉及沿途停宿时间、支搭芦殿等各项事宜，其间还要有祭祀活动，以及因祭祀所需要的大量物品，如金银锞锭数、五色纸钱数、五色染纸张数、饭桌、烧酒、羊只数量、陈设仪仗、焚化蒙古帐房、焚化纸张、焚化佛花等使用情况。而这些，都是我们了解清朝丧葬文化不可缺少的必要内容，因此有必要将这一内容介绍一下。

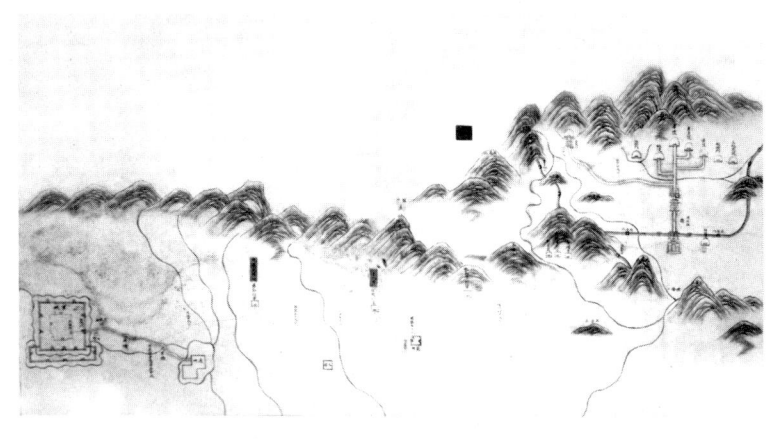

北京至东陵路线图

现在，我们来看看历史上乾隆帝的皇后、皇贵妃棺椁是如何同时奉移到陵寝享殿暂安，以及最后奉安地宫的。

乾隆十七年（1752）十月十三日，乾隆帝的孝贤纯皇后、慧贤皇贵妃、哲悯皇贵妃三人棺椁由静安庄奉移裕陵。十月十九日，孝贤纯皇后棺椁奉安隆恩殿正中暂安，慧贤皇贵妃、哲悯皇贵妃棺椁在隆恩殿东、西两旁间，比孝贤纯皇后棺椁稍靠后暂安。

奉移孝贤纯皇后梓宫（棺椁）前两日即十月十一日，行奉移礼致祭。此祭孝贤纯皇后前，用金银锞五万锭，五色纸五万张、五色染纸五万张，连饭桌三十一张、烧黄酒十五瓶、羊九只。读文致祭仪仗全设，众照常齐集。慧贤皇贵妃、哲悯皇贵妃前，用金银锞各一万八千五百锭、纸钱各一万八千五百张，连饭桌各十五张、烧黄酒各七瓶、羊各七只致祭。慧贤皇贵妃仪仗东旁，哲悯皇贵妃仪仗西旁，都在孝贤纯皇后仪仗旁陈设。慧贤皇贵妃、哲悯皇贵妃金棺（棺椁）沿途随孝贤纯皇后梓宫同行。等祭祀完毕后，将慧贤皇贵妃、哲悯皇贵妃翟轿、仪仗、鞍辔及骆驼所驮蒙古帐房等物品和纸一起焚化，佛花也一起行移出焚化。车带往陵寝，等候奉安礼致祭时将车褥、帏同棺罩焚化。车照常任其朽烂。

乾隆十七年（1752）十月十三日，是正式奉移的日子。孝贤纯皇后一百二十八人所异大架，备于静安庄大门外正中。慧贤皇贵妃、哲悯皇贵妃九十六人大架，安于大门外东、西两旁稍后。奉移之日，孝贤纯皇后仪仗全设，执驾校尉俱令骑马。其安放香册、香宝桌张，宝床、香案、银五供等项，并慧贤皇贵妃、哲悯皇贵妃之床，俱于奉移日五更时请出，预先送至芦殿预备。其八字墙及两旁所设帏幔、把莲，并慧贤皇贵妃、哲悯皇贵妃香案、银五供、帐幔，俱预先送至陵寝飨殿。预备三十二人所舁小架，至时，孝贤纯皇后梓宫、慧贤皇贵妃、哲悯皇贵妃金棺升小架，由静安庄门出，升大架。选好搭彩穿驾衣舁请其搭彩等，令原派出办理孝贤纯皇后事宜王、大臣、内务府、工部、内銮仪卫堂官带进。

奉移时祭酒三爵，孝贤纯皇后前，焚化纸钱五千张；慧贤皇贵妃、哲悯皇贵妃前，各焚化纸钱三千张。派王、公等姻戚人员在二门外齐集，和硕亲王以下，入八分公以上，并往送之。大学士、内大臣、侍卫在大门两旁齐集。未入八分公等民公、侯、伯头品以下，四品以上闲散宗室并无执事之包衣官员等，在大门外西配房前排班齐集。其不往送之民公、侯、伯以下，有顶戴官员以上闲散觉罗并包衣、拜唐阿护军等在二班宽敞处排班齐集，跪举哀候过。内里行走福晋、公主、郡主等在内齐集。外王、福晋以下，一、二品大臣命妇并姻戚女眷，俱在二门内右旁齐集。包衣佐领管理下官员、拜唐阿、护军、领催之妻，在大臣、官员命妇后齐集，各于齐集处举哀。奉移祭酒时，众皆随行礼。俟孝贤纯皇后梓宫出时，齐集之福晋、公主、郡主等及大臣、官员命妇等俱跪举哀候过。俟孝贤纯皇后梓宫升大架起行，往送者由别路先往，其不往送者各散。包衣官员、拜唐阿之妻内，派出六十人在孝贤纯皇后梓宫、慧贤皇贵妃、哲悯皇贵妃金棺后骑马随行送往。

孝贤纯皇后梓宫及慧贤皇贵妃、哲悯皇贵妃金棺行罩上，加拴黄色、金黄色绒络。其所备幰套、纺丝、由单，黄色、金黄色绒绳等项俱令在前相近处行走，以备需用。奉移孝贤纯皇后梓宫及慧贤皇贵妃、哲悯皇贵妃金棺舁出间，孝贤纯皇后宫内女子，慧贤皇贵妃、哲悯皇贵妃宫内女子预先出门后，乘车恭候。其骑马跟随之包衣官员、拜唐阿之妻预行乘马在东墙边，恭候孝贤纯皇后梓宫，慧贤皇贵妃、哲悯皇贵妃金棺过。乘马妇人跟随行走女子车辆，由别路先往宿处等候。不往送之诸王、大臣及内务府官员、拜唐阿、太监等，俱在本处跪候过，在后随行至将近二班处，由别路先往至二班大臣、官员齐集之处，按翼排班跪举哀，恭候孝贤纯皇后梓宫，过时各散。送往之诸王、大臣、官员等在本处跪，候过在后随行，至二班骑马，在带班侍卫后行走。每班派出太监十名，更换在孝贤纯皇后梓宫两旁近处步下随行。派出之近前随行王、公姻戚等并太监等，在孝贤纯皇后梓宫两旁乘马随行。办理孝贤纯皇后事宜王、大臣、内务府、礼部、工部、内銮仪卫大臣，在孝贤纯皇后梓宫两旁骑马巡查，照看行走。每换班时，下马照看。随行之王、大臣、官员、太监等俱下马跪候，换班毕起行时，仍上马在原行处行走。孝贤纯皇后梓宫、慧贤皇贵妃、哲悯皇贵妃金棺后骑马之六十妇人行走，伊等子弟内拣选伶便者令其牵马。派掌仪司太监四名骑马照看行走。次稍间随孝贤纯皇后梓宫执兵器人员行走，又次稍间带班侍卫行走，又次王、公、大臣、官员行走。册、宝交舆内銮仪卫，奉安凤舆内。至宿处，内务府大臣、官员恭捧，安设孝贤纯皇后梓宫旁桌案上。沿途扬撒纸钱。门、桥祭酒，焚化纸钱。其祭酒派大臣二员，撒纸钱派出内务府官员。每一程分为六班，轮流步行，每班官四员扬撒纸钱。递酒杯派礼部官员，其杯、盘、台、盏、酒光禄寺官员内分两班预备。

至芦殿相近，末班诸王、大臣、官员预从他路先往，至后门外按翼排立。孝贤纯皇后梓宫至，跪，举哀过。从入黄布城两旁墙外至大门前按翼排立，校尉等下马，仪仗在大门前排设。孝贤纯皇后梓宫奉安时，女子在北门外乘车恭候。孝贤纯皇后梓宫奉安后，夫役出毕，下车随入。骑马之六十妇人在黄布城外西旁下马，随女子后入。姻戚女眷预往芦殿黄布城内，恭候孝贤纯皇后梓宫至，众人一齐跪下，举哀，候过。清晨，停其齐集。孝贤纯皇后梓宫连大架奉安毕，太监等点香烛。慧贤皇贵妃、哲悯皇贵妃金棺连架，安放于东、西两间稍后。供献点果三张。祭酒时皆随行礼，起立举哀。撤馔后，众皆散，撤仪仗。孝贤纯皇后梓宫前，香尽时熄烛，将炉内炭火取出，太监等退出黄布城门首。

次日清晨，排设仪仗，众皆照常齐集。仍捧册、宝奉安凤舆内。奉移孝贤纯皇后梓宫时，祭酒三爵，焚化纸钱五千张，各三千张。每祭酒，众皆随行礼。骑马跟随之六十妇人，预先在黄布城东骑马伺候，女子预行出北门乘车伺候。奉移孝贤纯皇后梓宫及慧贤皇贵妃、哲悯皇贵妃金棺出时，骑马妇人诣前，在原处照常行走。诸王、大臣、官员按翼排跪举哀候过在后步随，至换头班处骑马，仍在原处行走。沿途五十里内，地方文、武官员在道右举哀候过。至宿处，在黄布城外叩谒，行三跪九叩头礼。供献时，文官在正蓝旗之末、武官在镶蓝旗之末排立，随行礼举哀。每宿凡行走齐集行礼，俱照此例。

其舁请孝贤纯皇后梓宫夫役，两宿分为六十班轮流舁请。自静安庄奉移头班至陵寝末班用校尉舁请外，余班俱选精壮夫役。舁请每班多备夫役四名，合计共用夫役七千九百二十名。其驾衣、翎帽轮流换穿。其舁请七千九百二十名夫役，行文直隶总督于所属大兴、宛平、通州、三河、蓟州、遵化等附近州县拣选精壮夫役，令其衣、帽、鞋预备整齐。勿致冻馁。其管辖、照看、拣选、府导等官，总督亲身率领前来。其夫役交与各该管官演习，至静安庄附近处预备应用，勿致迟误。所用夫役七千九百二十名，自演习以至送至陵寝共计十六日，每名每日各给制钱六十文。应给工价钱由户、工二部库贮钱内给发，仍免丁差一年。

昇请慧贤皇贵妃、哲悯皇贵妃金棺夫役各分三十班，每班多备夫役四名，共用夫役各三千名穿驾衣，带金黄翎帽。照例于五城拣选精壮夫役，各该城预使司坊官员亲身带领，约束照管。再城夫向来难管，应将都察院满、汉堂官各派一员，总领管理。昇请各三千夫役，自演习以及送至陵寝计十一日，每名每日各给制钱六十文，应给工价亦由户部、工部库贮钱内给发。夫役内或有力不胜者，亦未可定。令校尉四十名穿驾衣，三十六名骑马在仪仗前外边两旁预备行走，每班四名在两旁步行预备，若有力不胜者即行更换。每班照管夫役自少卿以下，小衙门堂官、科道主事等官以上；再八旗公、侯、伯以下，云骑尉以上；八旗前锋参领、护军参领、副护军参领、副参领、上三旗头等侍卫、下五旗王府长史散骑郎、头等护卫内移取能事者，每班四员照管，并令各其演习本班夫役进退行走。再夫役每宿所需食物、住宿等处只令官员四员照看不能周及，应于部院衙门贤能汉官科道等官内酌量拣选分班，会同督领夫役之道府等官共同照看。每班仍派銮仪卫官四员指示更换进退。銮仪卫官人少，令其轮流行走，至派銮仪卫官校尉，并领取所骑之马，交与内銮仪卫衙门办理。搭彩头目预备各八人，分为两班轮击响尺行走。

沿途每宿芦殿围墙内外预备汲桶八座，八旗步军营现有汲桶不必取用。人夫每旗派步军章京一员，领催兵丁各十名。每日清晨令各该旗运至宿处。每宿交与地方官于芦殿周围设放水缸，预满贮水。

黄布城正门、后门、网城周围着守之处交与领侍卫内大臣、前锋统领、护军统领另议具奏。所有一班校尉、一班夫役并击响尺头目四名，銮仪卫官四员，令内务府、工部堂官等带领即于网城外帐房内住宿。至日由京城往送太监等与派出陵寝太监分为两班点香烛守卫。女子宿处看守之内府参领、护军等由内务府派出。沿途孝贤纯皇后宫内女子及慧贤皇贵妃、哲悯皇贵妃宫内女子，在黄布城内芦殿稍远西北处用黄布城隔断，搭造蒙古帐房住宿。伊等恭饭俱在营外制造送入。孝贤纯皇后梓宫前点香灯太监十名。看守芦殿前门太监十名，俟香烛点尽时，内里太监出，与看守外门之十名太监共同坐更看守。于太监内拣选人，去得太监二十名，黄布城后门十名，女子住所之门太监十名看守。派出能事首领太监二名，管辖照看。至日，除陵寝该班外，贝勒、公、大臣、官员在龙门口外迎接。俟孝贤纯皇后梓宫到时举哀，候过。

红门不能容一百二十八人大架，将红门两旁墙酌量拆毁，修理栅栏。进由甬路行，至进毕照旧修砌。至陵寝大门外至三孔桥，孝贤纯皇后梓宫奉安正中，慧贤皇贵妃、哲悯皇贵妃金棺安放东、西两旁稍后，俱升三十二人小架，孝贤纯皇后梓宫由中门入，慧贤皇贵妃、哲悯皇贵妃金棺由东门入殿，安飨殿俱设帐幔，陈设五供桌、八字墙。安册、宝于孝贤纯皇后梓宫两旁陈设。孝贤纯皇后宫内女子及慧贤皇贵妃、哲悯皇贵妃宫中女子暂住处所，交与陵寝总管酌量择房居住，每供献时随入。

至日之次日，行暂安礼致祭，孝贤纯皇后前用金银锞三万锭、五色纸张三万张，连饭桌二十五张、羊七只、烧黄酒十五瓶。读祭文致祭，仪仗全设。送往之王以下大臣、官员及陵寝贝勒、公、大臣、官员、太监、拜唐阿等，陵寝居住之贝勒福晋、公、大臣、官员命妇、妇女俱行齐集。此祭行罩帐、凤舆、鞍辔、车帏等项俱行焚化，其车任其朽烂，仪仗存留。俟入地宫前期奉移礼致祭时焚化。

慧贤皇贵妃、哲悯皇贵妃前，用金银锞各一万八千五百锭、纸钱各一万八千五百张、连饭桌各十五张、烧黄酒各七瓶、羊各七只。

致祭未奉安地宫以前，每日孝贤纯皇后，慧贤皇贵妃、哲悯皇贵妃前，一次供果桌一张，此供献俱令太监等供献。相应暂派尚膳正、尚茶正、内管领、茶膳人等，仓上人、厨役酌量派出，其派出人等，装载被褥车辆照例给与。官车至后，近前桌张及每日供献果桌交与陵寝总管内务府官员、内管领等备办。沿途所供之茶，至日所供之茶膳由尚膳正、尚茶正等预备，所用器皿由茶膳人役带往。沿途孝贤纯皇后所用之羊只由庆丰司预备。慧贤皇贵妃、哲悯皇贵妃所用之羊由礼部备办。至后所用羊等项俱由礼部预备。沿途供献桌张，至后祭祀应用随桌等项，至每宿处所用器皿并至祭日祭祀所用盘、碗、壶等项，交与光禄寺敬谨备办制造。其别项由各该员带往运送。应用器皿等物所用车辆酌量与兵部移取。驼载茶桶、茶壶、马匹及人役所骑之马匹由上驷院取用。蒙古帐房、布帐房等项由武备院预备。扬撒纸钱、焚化纸锞、造办供献果桌之席棚，一应器皿等项并修理道路，布城、芦殿内铺设毯条俱交工部预备。其往送之王、贝勒、贝子、公、满汉文武大臣、官员，其近前随走之王等及孝贤纯皇后姻戚人等，俱由各该部院照例奏派。凡一应供献祭酒排班行礼俱由鸿胪寺指引行礼。丈量道路，并分定宿处，交响导总领办理。所用布城、网城交与派出之护军统领、响导总领恭领护军等搭造。

孝贤纯皇后梓宫至日，四陵各遣大臣一员告祭，一切祭祀祭文俱由翰林院撰拟，遣官及祭祀所用一应祭品，俱由太常寺具奏预备。每日午间供献往送之妇女及陵寝内府官员、拜唐阿、妇女齐集。入地宫前期奉移礼致祭，入地宫一应典礼另议具奏。

十月二十四日，乾隆帝指派了能有资格进入裕陵地宫的太监八名：总管王常贵、马国用、张玉柱、张洪阁，太监永泰、胡世杰、冯鼎、曹进孝。搀皇后、妃们有官职太监四名：罗住、喜贵、文玉、陆安。

十月二十五日，孝贤纯皇后梓宫、慧贤皇贵妃金棺、哲悯皇贵妃金棺奉移到方城前左面的芦殿之内供奉，等待第二天奉安裕陵地宫。

十月二十七日为孝贤纯皇后梓宫、慧贤皇贵妃金棺、哲悯皇贵妃金棺葬入地宫的日子。

卯初一刻，总管贾进禄请皇后、嘉贵妃、（黄纸）、怡嫔、颖嫔、林贵人、固伦和敬公主、和婉和硕公主、定安亲王福晋、三阿哥福晋、女子德禄等人从隆福寺行宫门外乘车至胜水峪幄次，下车少坐，步行至隆恩门东边门，至候时棚西边坐落棚内等候。

卯正，乾隆帝从隆福寺行宫乘轿，至天台山口内伙城进早膳毕乘轿，至辰初进隆恩门，由隆恩殿东边至殿后举哀，至候时棚孝贤纯皇后梓宫前奠酒三盏，慧贤皇贵妃、哲悯皇贵妃金棺前三阿哥、四阿哥奠酒毕，履亲王、和亲王等带领官员夫匠人等，请孝贤纯皇后梓宫安奉龙輴送入地宫，乾隆帝至地宫阅视安奉，随和亲王带领官员夫匠人等将龙輴退出。请慧贤皇贵妃金棺安奉龙輴送入地宫，将龙輴退出。请哲悯皇贵妃金棺安奉龙輴送入地宫，将龙輴退出。履亲王、和亲王等官员夫匠人等退出，关防毕，随总管王常贵传旨：著皇后、嘉贵妃、（黄纸）、固伦和敬公主入地宫阅视。怡嫔、颖嫔、林贵人、和婉和硕公主、定安亲王福晋、三阿哥福晋在地宫头层石门外，随罗住、喜贵、文玉、陆安搀皇后、嘉贵妃、（黄纸）、固伦和敬公主入地宫，阅视毕，乾隆帝从地宫步行，至候时棚前乘轿出隆恩门，至天台山口内中伙城稍坐，换巡幸袍褂毕乘车，午正进桃花寺行宫讫。皇后等位公主、福晋从地宫步行，至隆恩门外乘车，至桃花寺行宫讫。

通过孝贤纯皇后及两位皇贵妃棺椁从北京到清东陵裕陵地宫的安葬这一过程，我们不仅可以一窥帝王之家的豪华奢侈，还可以了解到整个礼仪的烦琐过程。

三、这里的谜团很多

1978年1月29日，裕陵地宫开放后，大多数人最感兴趣的是裕陵地宫帝、后、皇贵妃的棺椁，反而不是精美绝伦的石雕。但在笔者眼里，裕陵令人痴迷和感兴趣的地方还有很多，经过整理，笔者总结出裕陵的这十七个历史之谜。

（一）违背乾隆帝生前意愿营建的裕陵圣德神功碑亭

在清朝，皇帝陵的神功圣德碑亭（或圣德神功碑亭）都是由嗣皇帝下令营建的，碑文由嗣皇帝撰写。乾隆帝知道自己死后，嗣皇帝也会给自己建造圣德神功碑亭。于是，早在乾隆五十二年（1787）三月十一日，乾隆帝就颁布谕旨说："将来胜水峪建立圣德神功碑亭时，即仿照新修前明长陵碑亭式样，发券成造。其规模大小不可过于景陵制度。"

在裕陵之前，清朝在关内已建了三座神功圣德碑亭和圣德神功碑亭，东陵的顺治帝孝陵神功圣德碑亭、康熙帝景陵圣德神功碑亭和西陵的雍正帝泰陵圣德神功碑亭。乾隆帝为什么不沿用这三座圣德神功碑亭的制度，而偏偏对明长陵的碑亭样式大感兴趣呢？

原来，乾隆五十年（1785），清政府对明十三陵进行了一次大规模全面修缮。乾隆帝见修缮的明长陵神功圣德碑亭的顶棚是用条石发券成造的，既坚固又防火，比清陵圣德神功碑亭的木制格井天花[①]要好得多，所以才决定将来自己的圣德神功碑亭也要采用条石发券形式。乾隆帝的这道谕旨发出十二年后，乾隆帝驾崩，葬入裕陵。

裕陵圣德神功碑亭于嘉庆六年（1801）破土动工兴建，兴建时却违背了乾隆帝生前的谕旨，依旧尊崇祖制完全仿照景陵圣德神功碑亭规制，建成为格井天花顶的圣德神功碑亭。这一点是乾隆帝生前所未曾想到的。嘉庆帝为什么不遵照乾隆帝的谕旨建造裕陵圣德神功碑亭呢？据实地考察，明长陵神功圣德碑亭的规制很小，只有清陵神道碑亭差不多大小。若将裕陵圣德神功碑亭建成条石发券形式，必将无法建得高大宏伟。这是笔者的个人想法，具体原因尚需档案的支持。

---

① 格井天花由天花支条和方形天花板组成。

裕陵圣德神功碑亭天花

(二) 裕陵石像生设狻猊之谜

裕陵石像生为八对，由南往北排列分别是立狮、狻猊、骆驼、立象、麒麟、立马、武士、文士；孝陵石像生为十八对，由南往北依次是坐狮、立狮、卧獬豸、立獬豸、卧骆驼、立骆驼、卧象、立象、坐麒麟、立麒麟、卧马、立马，武士三对、文士三对。在数量上，裕陵石像生比孝陵少十对，但在石兽种类上，裕陵石像生中的狻猊是孝陵所没有的。

那么，裕陵石像生中为什么设立狻猊而不是獬豸呢？目前尚不清楚其原因。

(三) 裕陵隆恩殿地面没有使用花斑石之谜

按清制，清朝皇陵无论是隆恩殿（包括享殿）、配殿，还是朝房等，所有建筑物内部地面均为方形金砖铺设。所谓"金砖"，其实是一种质地坚硬、材料颗粒细腻的方砖，因敲打能发出金石之声，故名"金砖"。

金砖制作工艺复杂，制作工期长，质量也是很精细的。

裕陵当初在营建的时候，乾隆帝曾下谕旨，裕陵的隆恩殿地面使用花斑石铺设，而不采用传统的金砖。

花斑石，又称"紫花石""豆瓣石"，是一种珍贵的天然石料，因主体底面呈黄色，其表面缀以天然紫色各式花纹图案而得名。

据查，北京的紫禁城、承德的避暑山庄，都有一些宫殿的地面铺设使用了花斑石。那么，乾隆帝是否受这些宫殿的地板启示或者影响而想将自己的陵寝隆恩殿地面也铺设成花斑石呢？而后来又因为什么原因取消了自己初定的想法呢？关于这些，目前尚未找到档案的解释。

（四）地宫石柱之谜

当人们走进庄严肃穆的裕陵地宫时，首先映入人们眼里的就是与地宫布局极不协调的支顶在石门门槛上的石柱子。而且地宫的前三道石门，每一道均有四根四方形石柱支顶在石门门槛上，整个地宫共有支顶石柱十二根。但是，来过裕陵地宫的人都能很明显看出，这些石柱子并非原来就有，而是后来加上去的。因为，如果原先就有这些石柱子，那么地宫中的那些棺椁是无法运送进去的。

至于为什么支顶这些石柱，细心的人们不难发现，地宫前三道石门的上门槛及门槛以上的条石都有不同程度的裂纹，其中以第一道石门的情况最为严重。如果长期置之不理，这些有裂纹的部位在承受巨大压力的情况下，经过长时间的雨水渗透与腐蚀，或遇到地震的震动，其后果是难以想象的，支顶这些石柱子正是为了保护地宫的安全。

笔者询问徐广源先生得知，裕陵地宫里面的十二根石柱子中有十根是在1989年由清东陵文物管理处古建队支顶的，它们分别是第一道石门里侧的两根石柱，第二、第三道石门的八根石柱。而第一道石门外侧的两根石柱在1975年开启地宫时就已经有了，具体是由何人何时支顶的，则不清楚。

裕陵地宫第一道石门外侧的两根石柱，不知是何时支顶的

既然这些石柱只有在棺椁运进地宫后才能支顶，那么在嘉庆四年（1799）裕陵地宫关闭后至1975年地宫正式开启这段时间，有记载进

入过地宫的只有1928年孙殿英匪徒和清逊帝溥仪派来的善后人员，以及一些到地宫进行扫仓的当地土匪。可是，孙殿英匪徒和当地土匪进入地宫的目的是盗取财宝，不可能在地宫中支顶用来保护地宫的石柱；而且，清逊帝溥仪派来的善后重殓人员当时都各自记有详细的日记，也没有一人有记载制作石柱支顶地宫石门的内容。所以，可以排除以上人员支顶石柱的可能。如此一来，就只剩下一种可能，那就是：第一道石门外侧的两根石柱是在乾隆帝棺椁入葬后、隧道填砌前，由当时的清政府支顶的。

据记载，嘉庆四年（1799）七月，乾隆帝入葬前，修建裕陵地宫隧道券内斜坡地面时，负责工程的大臣绵课在准备筑打夯土时发现，"头层石门之上横安石槛已见有裂缝斜纹两道"。如果按原计划继续筑打夯土，不仅会惊扰已入葬的后妃亡灵，更严重的是将使地宫出现更大的安全隐患。为此，绵课奏请嘉庆帝，将筑打夯土改为用砖铺砌，即现在人们所见到的样子。按理说，既然嘉庆帝已经知道石门上槛出现了裂纹，就不会不采取有效办法整治。然而，在乾隆帝棺椁入葬后，尚未发现众大臣的奏折当中有涉及支顶石柱之事，只是说"敬修填砌裕陵元宫门隧道并成砌琉璃影壁等工"。是根本没有支顶石柱，还是因为事小，不值一提？或者是因为尚未发现相关的记载呢？所以，裕陵地宫第一道石门外侧这两根石柱的具体支顶日期至今无法获知。

（五）裕陵地宫的雕刻图案错位

据天津大学建筑学院王其亨教授的研究发现，裕陵地宫里的雕刻图案都是先雕好后才按顺序砌进地宫的，即裕陵地宫的全部券石均为预制。其制作过程是这样的：在地宫大槽附近先刨挖一个尺度比地宫略大的土坑，称为"样券坑"；用旧样城砖按地宫券形砌成曲面下凹的券坑，称为"样制券"；券两端的垂直墙部分用砖砌好，整个样制券实际上就是地宫拱券的一个阴模，其内轮廓尺寸正好与石券外轮廓尺寸相同；券石预制成型，在样制券内砌好后，进行画样雕刻，每块券石上编写好号码，然后拆出，再按顺序砌到地宫槽内。由此可见，这是一项极其复杂细致的工程，不能有丝毫差错，否则地宫内雕刻的图案文字就无法拼接上，造成错乱。

上 裕陵地宫第二道门洞券顶
　雕刻错位位置
下 裕陵地宫第二道门洞券顶
　雕刻错位位置的局部细节

然而，经过实地考察发现，在裕陵地宫的第二道门洞券券顶有两处雕刻错位现象。而这两处错位的部位恰好是该处券顶合拢的地方。如果按照王其亨教授的说法，此处不应该出现雕刻错位现象。还有，既然出现了这样的失误，当初裕陵地宫是怎么通过质量验收的？近年来，有一些专家提出了另外一种看法，认为有可能因为裕陵地处地震带，雕刻错位是在地宫封闭后由长期的地质震动造成的。但为何仅仅是这两处雕刻错位？这也不好解释。所以，这个问题暂时还无法破解。

（六）地宫顶门石丢失之谜

裕陵地宫有四道石门，就应该有四块顶门的自来石。可是现在裕陵地宫里只有两块残缺的自来石，少了两块。多次寻找未果后，笔者询问徐广源先生及当年清理地宫的人员，他们也均不知道其下落。因为当年清理地宫时，并未清理出碎石，真是令人百思不得其解。目前唯一可能的解释是，清逊帝溥仪派人重殓地宫遗骨时，从地宫中清理出一部分残破砖石泥浆，在这部分残破砖石泥浆中，因自来石破损严重裂成数块，随着泥浆一起被清理出了地宫。

裕陵地宫的顶门石地面槽口

（七）地宫金券歪斜之谜

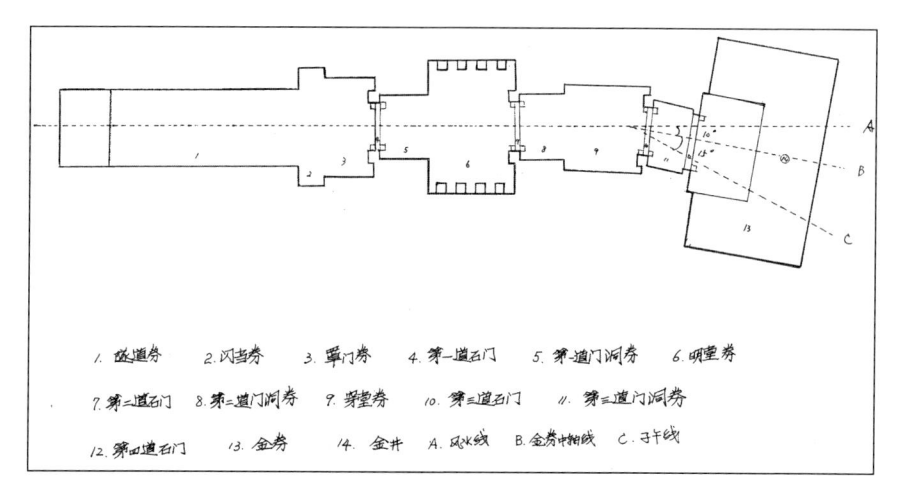

裕陵地宫平面图（绘图：徐广源）

裕陵地宫的九券四门中的九券从南往北、从外向里依次为：隧道券、闪当券、罩门券、第一道门洞券、明堂券、第二道门洞券、穿堂券、第三道门洞券、金券。

当我们站在地宫第一道门洞券、明堂券、第二道门洞券等处，向金券内观望时，就会发现位于金券正中的乾隆帝的棺椁并没有处在地宫的纵向中轴线上，而是偏向了西南—东北方向。因此，给人的视觉感觉金券是歪斜的。对此现象，也许有人会问：是不是视觉发生了偏差，才把金券看成了歪斜的？答案是否定的。事实上，第三道门洞券和金券的方向与前七券方向确实是不一致的。经实地测量，第三道门洞券和金券与前七券的纵向轴线方向形成了一个十五度的夹角。为什么会这样呢？

对于这个奇怪现象，有人解释说，前七券的方向是风水线，第三道门洞券和金券的方向是子午线。所谓"风水线"，就是陵寝所朝对的方向，是地面建筑的纵向中轴线方向。所谓"子午线"，就是正南正北方向。这种解释听起来似乎颇有道理。经过实测，前七券确实是风水线，但第三道门洞券和金券方向并非子午线，与子午线相差十度。由此看来，这种简单解释为风水线、子午线的说法是不正确的。

也许又有人认为，这肯定是地宫施工时的失误，在开槽时把第三道门洞券和金券工程基础挖歪了。这更是不可能的。在封建社会，皇陵工程是国家第一等重点工程，被称为"钦工"，而地宫又是陵工中最重要、最关键、最核心的部位，不容有丝毫的疏忽和误差。在测量仪器、测量技术相对落后的那个年代，在数千米的建筑序列上，出现一些误差，发生一点歪斜，是有可能的，也是可以理解的。但在只有五十四米的地宫中出现用肉眼都可以明显看出的十五度的偏差，则是绝对不可能的。再者，地宫里的所有石雕刻都是提前在样坑中雕刻好，将各石块编好号码，从样坑中拆卸出来，然后再按序号砌到地宫中去的。如果地宫的坑槽挖歪了，出现了失误，这些编好号码的石块在往地宫里安砌时，就不会衔接合缝，大多数图案会错乱变形，这是很容易发现的问题。根据现场观察，裕陵地宫的各券石块不但安砌得十分整齐、严密，而且除上面说的两块雕刻外，其余图案、文字毫无错乱走形之处。这说明第三道门洞券和金券发生歪斜，并不是工程失误造成的，而是故意为之的设计。

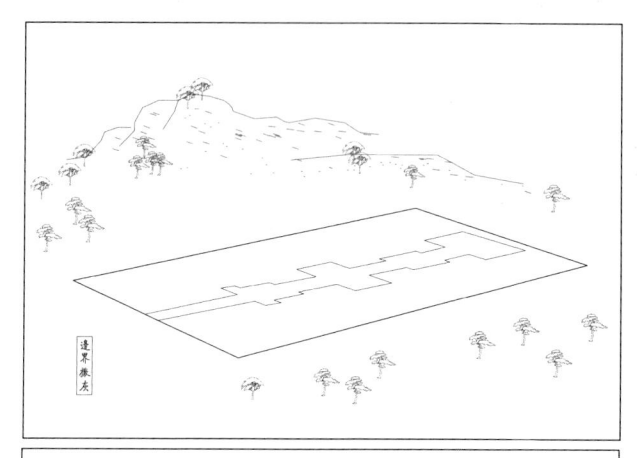

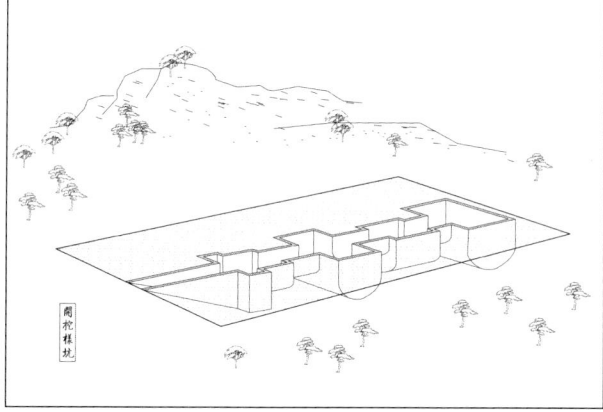

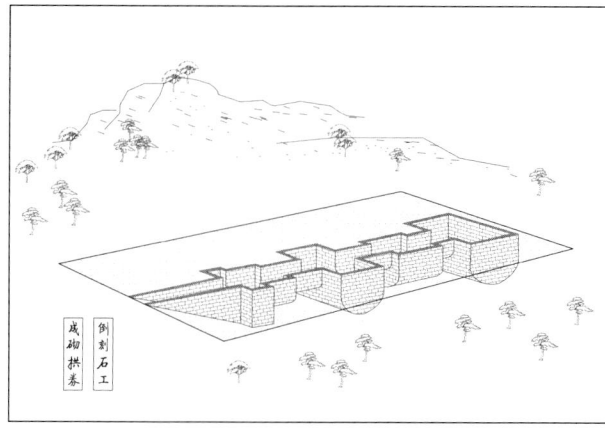

上 裕陵地宫样坑1
中 裕陵地宫样坑2
下 裕陵地宫样坑3
（绘图：贾嘉）

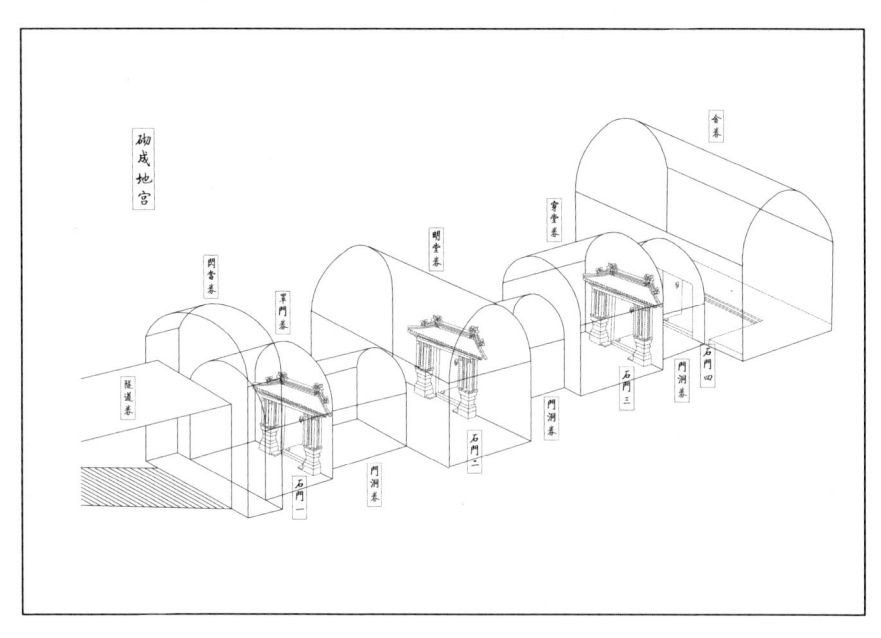

地宫样式券透视效果图（绘图：贾嘉）

最近，裕陵地宫金券歪斜这个问题的研究又有了新的进展，笔者在《建筑工程·陵寝坛庙》中发现了这么一段记载，从中找到了金券歪斜问题的答案。

据《建筑工程·陵寝坛庙》记载，在堪选裕陵风水之后的规划设计中发现，"万年吉地内向壬山丙向兼亥巳、丁亥、丁巳分金于脉气最盛"。"宝城之前接连为方城。方城之前四丈应起花石台，石台之前五丈应建二柱门一座……所有随桥泊岸酌量地势修理。以上殿台、门路、桥梁之内，俱宜照亥巳兼壬丙三分建造"。

按照这段档案记载的说法，亥巳兼壬丙三分是陵寝朝山金星山的吉向，壬山丙向兼亥巳丁巳分金是后靠山的吉向，乾隆帝的裕陵同时

157

采用了这两个朝向,即地面建筑和地宫内的前七个券用的是亥巳兼壬丙三分朝向,而金券和第三道门洞券则用的是壬山丙向兼亥巳丁巳分金朝向。这两个朝向的夹角是十度。也就是说,裕陵金券和第三道门洞券用了脉气最盛的朝向,即金井位置正在后靠山的吉向上。

裕陵朝向为什么要用两个方向呢?

这是风水学理论应用在实际需求中的具体体现,即风水的需要。这样就可以使裕陵既取得"壬山丙向兼亥巳丁巳分金"向的大富大贵,也能获得"亥巳兼壬丙三分"向上内气萌生的吉祥。这种做法在风水学理论中是可以找到依据的。《灵诚精义》中记载:"凡葬法得金井与门户为一向,乃正法也。有如外就堂气,则先到之砂水不可不收,聚会之堂气不可不纳,此众口以为必然者。却与龙法之生向不合,则当以天星卦气为主,作内外二向。假如亥龙宜作巽向,外面砂水又宜作巳向,则内用巽向以乘生气,外用巳向以接堂气,亦何嫌于作两向也。"裕陵的外向即裕陵地面建筑的中轴线方向,以金星山为朝山。金星山也是顺治帝孝陵的朝山。金星山山状如覆钟,高大雄伟,并且与其他山头不相连接,是清东陵陵区内一座不可多得的最为理想的朝山。裕陵以后的道光帝的慕陵、同治帝的惠陵都是以金星山为朝山,这充分表明了金星山确实是朝山的最佳选择。裕陵以金星山为朝山,选用了地面上(外向)的最佳方向。如果金券和第三道门洞券的方向朝顺时针方向扭转十度,即现在这个方位,为壬山丙向兼亥巳丁巳分金朝向,则"脉气最盛"。由这个朝向从地面上看,裕陵正好背对一山峰,而这一山峰的两侧各有一个稍微低矮的山峰,左右对称,形成风水学中所常说的"左辅右弼"之势。这样,裕陵就将地上、地下的最佳方向都用上了。

在东陵，除了裕陵有这种风水考虑，可能顺治帝的孝陵也有这种现象，即孝陵地宫用一个风水线，地面建筑用另外一条风水线，因为从肉眼上看，孝陵的宝顶明显与明楼及其他建筑不在同一条风水线上。经实地测量，孝陵宝顶的中心线也偏向陵寝中轴线东北向十度。由于孝陵地宫尚未开放，现在这只是一种猜想而已。

（八）乾隆帝棺椁顶住石门之谜

1975年，当文物工作者进入裕陵地宫时，第三道石门怎么也推不开，后来借助千斤顶的力量把西扇石门顶开一道缝隙，才得以进入。进去之后发现，一口巨大的棺椁顶在了石门的后面。原来是这口棺椁自己从金券内穿过破损的第四道石门，漂移到了第三道石门的后面，将石门顶住。这一奇特现象是怎样发生的呢？

查阅资料发现，1928年清逊帝溥仪派来的善后随员徐榕生在日记中写道：

> 十三日　晴。裕陵之水渐净，尚余水七八寸。埴（徐榕生）同叔壬[①]涉水而入，至四层石门，见门内外有泉数处，汩汩自石缝中出，他处无之，忖测当时石门被炸倒地，震动石缝，故然。

裕陵地宫有积水，由来已久，在清朝乾隆帝入葬前裕陵地宫曾经就有渗水的现象，经过处理后渗水止住。但在1928年孙殿英盗掘裕陵地宫时，地宫内又有积水了。虽然那时积水的来源只是来自地宫石缝

---

① 志林，宝熙第三子。

的渗水，但水量并不小，使得乾隆帝的棺椁漂浮起来，移到了第四道石门后面，并顶住了石门。孙殿英匪兵不得不使用炸药炸坏石门，才得以进入金券。炸药炸坏石门的同时，也炸坏了地面的石块，使其裂缝增大形成了水泉。

清皇室派人整理被盗地宫五十多年后，乾隆帝的棺椁再次从金券内穿过被炸坏的第四道石门，漂移到了第三道石门后将石门顶住。令人感到奇怪的是，这种情况居然发生了两次，而且两次都是乾隆帝的棺椁将石门顶住，这使得人们认为是乾隆帝显灵，用自己的棺椁抵住石门，以免受到外界的打扰。其实，这只是一种迷信的说法而已。那么，真实原因究竟是怎样的呢？

裕陵地宫金券内的帝后棺椁

现在有两个问题摆在人们的面前：

第一，地宫里面的积水能否把地宫的棺椁漂浮起来？

第二，地宫里共有六口棺椁，为什么只有乾隆帝的棺椁移到石门的后面顶住石门，而且两次顶住石门的棺椁都是乾隆帝的？

有人对此曾解释说，裕陵地宫里的水最多的时候高达两至三米深，足以把地宫的棺椁漂浮起来。至于棺椁为什么顶住石门，也很好解释，因为地宫里的水是从石缝渗进来的，同样也会从石缝中渗出去，这样就会形成水流，使棺椁移动。再说，孙殿英盗裕陵地宫时，正是雨季，地宫里的积水甚多，孙殿英一伙见地宫积水很多，就用抽水机把地宫里的水向外排出，地宫里产生更大的水流，把漂浮的棺椁像船一样拉拽到石门的后面，最终顶住石门。第二次顶住石门，是因为孙殿英炸石门时，地面被多炸出一些水泉，致使地宫积水渗进渗出产生足够大的水流，使棺椁漂移。这些理由看起来似乎有理，但经不起仔细推敲。

首先，地宫里的六口棺椁都是被固定在棺床上的。裕陵地宫中，帝、后、皇贵妃的每一口棺椁四角均用四块巨大的龙山石（也称"卡棺石"）卡住，龙山石的下棱压在棺椁的下横边，龙山石的竖向凹槽卡住棺椁的竖棱，并且龙山石与石棺床之间用铆榫方式相连。这样就使棺椁既不能前后左右移动，也不能上下漂浮，十分稳固。另外，棺椁内除一具尸体外，都装满了奇珍异宝，异常沉重，棺椁要想漂浮起来很不容易。

再者，地宫里的水是从地宫地面墁石的缝隙中慢慢渗出渗入到地宫中的，所以地宫里水面的上升和下降都是极其缓慢的，因此，也就不会形成大的水流。即使孙殿英等人使用抽水机排水造成了强劲的水流，但就乾隆帝的棺椁而言，巨大又沉重，要使棺椁获得漂移动力，则需要很大的水流力量，这在地宫相对狭小的空间里是不太可能的。

裕陵地宫金券棺床上的四块龙山石摆放位置

1978年打开裕陵地宫时候发现，乾隆帝棺椁又正顶在第三道石门后面，但当时的工作人员并没有使用抽水机向外抽水、排水。这说明，乾隆帝棺椁没有被龙山石卡住，在地宫水多的时候能够漂浮起来，这股产生巨大漂移力的水源、水量来自乾隆帝棺椁正对的第三、四道石门之外，并非来源于匪徒使用抽水机排水产生的力量。

那么，裕陵地宫六具棺椁，为什么只有乾隆帝棺椁没有被卡住呢？对此，现在还没有确切说法。依笔者猜测，有可能是因为乾隆帝棺椁处于棺床正中，正对石门，因此所受到的中心漂移力是最大的，也更容易冲破龙山石的力量漂移起来。

（九）地宫渗水之谜

历朝皇帝在营建自己的陵寝时，最担心的就是地宫的渗水问题。乾隆帝的生母在入葬泰东陵前，乾隆帝曾两次派人查看泰东陵地宫有无渗水。嘉庆帝的昌陵建成后,嘉庆帝也两次派人查看自己的陵寝地宫有无渗水。道光帝的宝华峪地宫出现渗水之后,道光帝不仅狠狠地处罚了监修大臣,还不惜打破乾隆帝留下的"昭穆相建"的丧葬之制,撕破自己一生节俭的面纱,以地宫出水为名,强行将自己的陵寝搬到数百里之外的河北易县的西陵境内。对于道光帝的宝华峪地宫出现渗水一事,道光帝在谕旨中说道:

> 宝华峪地宫积水情形,据敬征等节次查勘积水痕迹,旋拭旋湿。本日朕亲临阅视,金券北面石墙全行湿淋,地面间段积水。细验日前积水痕迹,竟逾宝床而上。见孝穆皇后梓宫霉湿之痕,约有二寸,计存水有一尺六七寸之多……此项工程当开通时,如果详慎体验,岂竟毫无情形,乃绵课等屡经带同堪舆相度,漫不经心,昧良负恩,莫此为甚。

经过一年多的严审和追访,终于查出了地宫渗水的三大原因。一是"北面墙帮间有石母,石内滴水",虽已"用工拦挡,令水旁流",但"仍恐日久墙内蘅湿"。二是原议两旁安设龙须沟出水,"因英和告以不用安置,是以停止"。同时英和还以"土性甚纯,无泉石","龙须沟工程可以停办"等语上奏给道光帝。三是英和在建陵时保奏牛坤督工,言"有伊在彼,英和即不必经常亲自督工",而牛坤则声称自己"不管工程",双方互为推卸,致使地宫工程质量不保,出现渗水。

从上面所述可知,地宫渗水,不但为皇帝所重视,而且当时对于渗水的防范措施也是有的。除了传统的堵塞涌泉，还有"用工拦挡，令水旁流"，但这只是在地宫尚未渗水之前，也就是在地宫没有建成之前所应采取的必要手段和方法，并没有说地宫在发现渗水之后应采用什么方法补救。

1928年孙殿英盗陵之后，清逊帝溥仪派人到东陵处理善后事宜时，发现裕陵地宫存有大量的积水，随员徐榕生在日记中也有写道："初八日，早晴。仍在裕陵监工，午间隧道已通。植携志叔壬至石门察看，见门内水深四尺余。"裕陵地宫清理后，从墙上的水痕看，地宫里的水最深的时候达到六七尺。自地宫开放以来，每到阴雨连绵的夏季，地宫中都会有大量的渗水。

乾隆十七年（1752），孝贤纯皇后入葬前就曾发现地宫有渗水，因此乾隆帝命令有关大臣采取紧急措施进行补救，补救后的效果不错，很快排出了渗水。于是，一直到嘉庆四年（1799）九月十五日乾隆帝入葬裕陵地宫这段很长的时间里，地宫中没有再出现渗水。这说明当初对地宫渗水问题处理得很成功，但目前不知当时采用了什么有效的办法。

（十）乾隆帝头骨之谜

在1975年清理裕陵地宫的过程中，虽然未对乾隆棺椁进行清理，也未对乾隆帝的遗骨近距离观察，在一定程度上造成了这一研究的空白，但这并不是研究领域的绝对遗憾。因为，在1928年裕陵被盗后的清皇室善后小组重殓帝后尸骨的过程中，还是有人对此做了记录。其中，善后小组的成员之一陈毅在《东陵纪事诗》中有较为详细的记载：

自初五日于石门外拾得肋骨一、膝骨一、趾骨二。初七日于隧道砖石中拾得脊骨一、胸骨一，色皆黑。十二日又于石门旁拾得踵骨一。检验吏审识胸骨二，为高宗之体。十四、五日于地宫泥水中拾得骸骨甚多，皆散乱不可纪理。然仅得头颅四，其一连日徧觅不见，诸臣惶急无策。至十六日，疑石门所在朱棺内，或有遗骼，乃募人匍入探之，果得头颅骨一。命检验吏审视之，确为男体，即高宗也。诸臣始稍慰。下颏已碎为二，检验吏审而合之，上下齿本共三十六。体干高伟，骨皆紫黑色，股及脊犹黏有皮肉。

……大体虽具，腰肋不甚全，又缺左胫，其余手指足趾诸零骸，竟无从觅。

……两眼仅存深眶，眶向内转作螺旋纹，执灯遥观，似有白光自眶中出。

通过以上记载可以知道，乾隆帝的遗骨虽有缺失但整体还算较为完整，骨头皆为紫黑色，并且头骨损坏也不大，仅仅是下颏碎为两块，牙齿为三十六颗，眼眶内似有白光射出。这里值得注意的是，乾隆帝头骨有三十六颗牙齿。然而众所周知，正常情况下，人类正常牙齿数应该是二十八至三十二颗，那么为什么乾隆帝会有三十六颗牙齿呢？

"牙"，人们又习惯称为"牙齿"。在现代牙科学中所称"牙齿"，是指人和动物嘴中具有一定形态的高度钙化的组织，有咀嚼、帮助发音和保持面部外形的功能。按部位和形状的不同分为切牙（门齿）、犬牙（尖牙、犬齿）、双尖牙（前臼齿）和磨牙（臼齿）。正常成年人的牙齿有二十八至三十二颗，有咀嚼功能的是二十八颗，牙齿在口腔内左右对称，每半边上下两排各有两个切牙、一个犬牙、两个双尖牙和三个磨牙，排在最后面的四颗磨牙又叫"智齿"，有人会长两至四颗智齿，也有人先天缺失智齿，智齿并没有实际使用价值。超出正常人牙齿数量的牙齿，在口腔医学上被称为"额外牙"或"多生牙"，是牙齿发育不正常的一种病态，属于牙体硬组织非龋性疾病。因为其没有正常牙列位置，又没有实际咀嚼作用，反倒会影响牙齿的口腔美观，或引起其他疾病。在现代口腔医学中，将其拔掉或许是对健康负责的最好保证。

所以，乾隆帝长了三十六颗牙齿这件事情，并非属于正常，但也确实是存在的，其原因可能是遗传。至于是否与乾隆帝的高寿有关，则属于医学研究范畴，目前无法获知。

（十一）地宫女尸不腐之谜

1928年8月，清逊帝溥仪派人重殓裕陵时，在地宫棺床西边的两棺之间，发现了一具奇异的女尸。对此，陈毅在《东陵纪事诗》中写道：

> ……于石床西两棺之间，觅得祎服玉体一躯，毫无损伤，虽龙绣黯旧，犹完好，足下有绣凤皇靴二，著一落一。一耳缀环珥犹存，惟发似被拔脱者。敬审其年貌，既齿未全堕，又颐颔略有皱纹，殆在五十以上。

裕陵地宫未腐烂的孝仪纯皇后遗体

　　按照以上记载的说法，这具女尸身穿黄色龙袍，皮肉完好无损，丝毫没有腐烂。两腮和嘴下略有皱纹，牙齿没有完全脱落，面目如生，笑容可掬，犹如一尊古佛。脚上所穿的绣凤黄靴，一只脱落，一只仍穿在脚上，一只耳朵上还保留着一只耳环，年龄在五十岁以上。

　　据《陵寝易知》记载，裕陵地宫葬有两位皇后、三位皇贵妃，分别是孝贤纯皇后、孝仪纯皇后、慧贤皇贵妃、哲悯皇贵妃和淑嘉皇贵妃。那么，这具裕陵地宫发现的女尸又可能是谁呢？

　　孝贤纯皇后死于乾隆十三年（1748），卒年三十七岁，其棺椁在棺床东边。一来年龄不符，二来盗匪也不会将孝贤纯皇后尸体隔着乾隆帝的棺椁从东边抬到西边，放在两棺之间，这样太麻烦。因此，这具尸体不会是孝贤纯皇后。慧贤皇贵妃死于乾隆十年（1745），卒年三十岁左右。哲悯皇贵妃早年入侍高宗潜邸，乾隆帝即位前病逝，卒年二十岁左右。年龄与女尸均不相符。淑嘉皇贵妃死于乾隆二十年（1755），卒年四十岁左右，其棺椁在西侧垂手棺床上，其年龄和棺位与女尸也有差异。孝仪纯皇后是嘉庆帝的生母，死于乾隆四十年（1775），卒年四十九岁。她是这五位女人中年龄最大的，与女尸年龄最为接近。孝仪纯皇后位于正面棺床西边第一位，即乾隆帝棺椁西侧。盗匪从棺中往外抬她的尸体时，自然会顺手放在西侧两棺之间。而女尸正是在这两棺之间发现的。以此推断，此女尸当为孝仪纯皇后是确凿无疑的。

在裕陵地宫中六具棺椁六具尸体，其中五具是女尸。同为女尸，同在一座地宫中，与她相比葬入地宫有先有后，为什么其他四具女尸都腐烂了，而唯独她——孝仪纯皇后的尸体面目如生？

在清东陵，距今一百五十三年的裕陵地宫孝仪纯皇后和距今七十五年的惠陵地宫孝哲毅皇后一样，她们的尸体与同一地宫其他尸体都没有做防腐处理，并且在清朝也不刻意追求棺椁的密封。因此，在同一种条件下，为什么孝仪纯皇后和孝哲毅皇后的尸体没有腐烂？而且她们还都同为女性？

这里需要说明的是，裕陵地宫的女尸在1928年发现时完好如初，但在1977年重新清理裕陵地宫进行棺椁修复时，该女尸虽然还是处于同一环境，却早已和其他遗体一样腐烂得只剩下一堆骨头了。

据笔者考证，孝仪纯皇后之所以死后尸身保存完好，与她病死之前没有进食有关。据《皇朝文典》记载，孝仪纯皇后因生病原因，死前吃不下任何食物。由此看来，孝仪纯皇后死的时候，腹中空空如也，没有任何可以产生细菌繁殖的条件。并且尸身装入棺椁后，棺椁又再次油漆修饰了数十遍，这无意间等于将其棺椁做了密封处理，隔离了空气，因此尸身也就无法腐朽。而1977年重新清理裕陵地宫时，此前孝仪纯皇后遗体不仅接触了大量空气，还在臭水里浸泡过一段时间，尸身上已经携带了大量的腐蚀细菌，因此当再次将尸身放在棺椁内，不密封的棺椁已经无法保证空气的隔离，尸身就会慢慢被繁殖的腐蚀细菌侵吞腐烂掉。

孝哲毅皇后尸身之所以在地宫被盗时也是完好的，也跟其死因（据说是绝食而死）有关，她死前的自身情况与孝仪纯皇后情况差不多，最后也是与空气接触，最终被腐蚀细菌糟烂而没。

（十二）皇后用皇贵妃级别的棺椁之谜

据徐榕生的《东陵于役日记》记载，1928年8月份，他在裕陵地宫看到的六具棺椁中，有四具棺椁"皆朱红雕漆卍字地阴文径寸梵字及牡丹花"，并认为这四具棺椁为皇贵妃使用的棺椁。后又在石门压着之下发现一具棺椁，在这具棺椁内发现的头骨和遗骨经过辨认，"朱红雕漆之棺虽与他棺同，而梵字系阳文，亦与他棺阴文梵字者不同"，确定这是乾隆帝的棺椁。据已经开放崇陵地宫的隆裕皇太后棺椁看，她棺椁中的内棺，其文字雕刻也是朱红漆卍字地阳刻梵字。于是这里就出现了这样一个问题：裕陵地宫明明葬有一帝二后三皇贵妃，那么为什么会出现四具皇贵妃的棺椁呢？

地宫中的五个女人中应该有两位皇后三位皇贵妃，既然发现有四具皇贵妃的内棺，那就说明有一个女人是按照皇贵妃级别入葬的。就裕陵地宫五个女人入葬时的身份来看，孝仪纯皇后死于乾隆四十年（1775）正月，入葬裕陵地宫时的身份是皇贵妃，她的皇后身份是在乾隆六十年（1795）十月追封的，因为她的儿子颙琰被正式立为皇太子。其皇后位号是死后追封的，追封时已经入葬地宫很久，所以她的棺椁并没有因为后来身份的改变更换成皇后级别的，依旧还是使用入葬时的皇贵妃棺椁，只不过她的棺椁被放在了乾隆帝棺椁的右侧（西一）。因此，裕陵地宫虽有两个皇后三个皇贵妃，却是一具皇后的棺椁、四具皇贵妃的棺椁。

（十三）龙山石上的铁锯之谜

通过清理裕陵地宫，人们惊奇地发现，孝贤纯皇后棺椁东南角的龙山石整个是开裂的，只是用三个大铁锯子连在一起。这三个铁锯子锈蚀得极为严重。这个龙山石为什么开裂？三个铁锯子又是什么时

裕陵地宫龙山石　　　　　　　　裕陵地宫孝贤纯皇后棺椁东南角的龙山石

候安装上的呢？孙殿英匪徒及后来的土匪不可能这样做，清逊帝溥仪派的善后安葬人员日记中也没有对此记载。难道是孝贤纯皇后在乾隆十七年（1752）入葬前安装的吗？皇家能够容忍这么大的工程失误吗？有了失误隐瞒不报，这是欺君之罪，负责工程的大臣有这么大的胆子吗？到底是怎么回事，谁也不知道，目前这已成未解之谜。

（十四）帝、后、皇贵妃棺椁摆放位置没有"稍后"差别

裕陵地宫摆放有六具棺椁，这六具棺椁的主人因身份不同，其棺椁的摆放有主次之分。裕陵地宫金券的棺床分为正面棺床和东西垂手棺床，正面的棺床较垂手棺床尊贵。金券正面棺床上可以摆放五具棺椁，这五具棺椁位置分别是这样排列的：乾隆帝棺椁居中，乾隆帝棺椁之左一（东一）是孝贤纯皇后棺椁，乾隆帝棺椁之右一（西一）是孝仪纯皇后棺椁。又因为慧贤皇贵妃是死前晋封的皇贵妃，哲悯皇贵妃是死后追封的皇贵妃，因此，虽然两个皇贵妃是同日葬入的裕陵地宫，但其排名也分出了先后。于是，排名在前的慧贤皇贵妃的棺椁被放在了较为尊贵的乾隆帝棺椁之左二（东二）的位置，即孝贤纯皇后棺椁之左（东）。哲敏皇贵妃的棺椁则被放在了乾隆帝棺椁之右二（西二）的位置，即孝仪纯皇后棺椁之右（西）。

按清制，如果地宫内葬有一帝一后一妃，其棺椁摆放位置要体现出主、次、从的等级关系。乾隆帝之父雍正帝的泰陵地宫，因为葬有一帝一后一妃，在安设龙山石时，乾隆帝令三人的棺椁在摆放位置上有所区别。乾隆元年（1736）九月初四日，乾隆帝谕旨："皇考梓宫奉安地宫时，著照例安设龙山石。其随入地宫之皇妣孝敬宪皇后梓宫应居左稍后，敦肃皇贵妃金棺应居右，比孝敬宪皇后梓宫稍后。"而且这

种规定还适用于帝、后、妃棺椁在殿宇的暂安。如乾隆十七年（1752）十月十九日，孝贤纯皇后棺椁奉安隆恩殿正中暂安，慧贤皇贵妃、哲悯皇贵妃棺椁在隆恩殿东、西两旁间，比孝贤纯皇后棺椁稍后。

因此，如果按照上述这种规定，裕陵地宫的正面棺床上的五具棺椁的摆放位置就应该是这样的：两位皇后的棺椁比乾隆帝的棺椁稍后，两位皇贵妃的棺椁又要比皇后的棺椁稍后。然而，通过实地观察，裕陵地宫金券正面的五具棺椁，在摆放上都处在同一条直线上，并没有谁比谁稍后的现象。而且，各个棺位龙山石榫眼也没有重新开凿过的痕迹。所以，正面棺床上五具棺椁在入葬时其摆放位置并没有体现前后主次的等级关系，都在同一条直线上摆放。那么，乾隆帝的裕陵地宫为什么没有遵照他在泰陵地宫的那种规定呢？这个问题暂时还无法解释。

（十五）地宫金券后妃棺椁葬位之谜

裕陵地宫金券的棺床形状为平面凹形，共有七个棺位，正面棺床的棺位为五个，东西垂手棺位各一个。地宫内葬有六个人，即乾隆帝、孝贤纯皇后、孝仪纯皇后、慧贤皇贵妃、哲悯皇贵妃、淑嘉皇贵妃。他们的棺椁在地宫的排列位置是这样的：正面棺床由东往西排列为慧贤皇贵妃、孝贤纯皇后、乾隆帝、孝仪纯皇后、哲悯皇贵妃，淑嘉皇贵妃的棺椁在西垂手棺床上。因此，目前裕陵地宫东垂首的棺床上是空的，没有停放棺椁；棺床上也没有安设龙山石的榫眼。

我们在探讨裕陵地宫后妃棺椁葬位问题之前，必须首先弄清两个问题，因为它们直接影响到地宫后妃棺椁的摆放位置。这两个问题是：

1.皇帝棺椁必须摆放在地宫正面棺床金井之上，这是大前提。而其他后妃的棺椁只能依据其生前或死后的地位高低，遵照"昭穆之制"，分别摆放在皇帝棺椁的左右（东西）两侧和东、西垂手棺床上。

2.清朝皇位继承制度中并没有明确规定由皇后所生皇子继承皇位。也就是说，皇帝可以选择其他妃嫔所生皇子来继承皇位。这就出现了一种可能，那就是皇后与嗣皇帝的生母并不是同一人。那么，在确定地宫棺椁葬位时就得预先考虑到这种情况，如果皇后和嗣皇帝的生母不是同一人，而且都死在了皇帝之前，那她们都会被葬入皇帝的地宫中，这就必须给她们预留正面棺床上的两个棺位。

现在，我们来看看裕陵地宫后妃棺椁葬位的问题。

能与皇帝同葬在地宫里面的这些女人，其棺椁葬位通常都是按照她们生前的身份高低和死亡的先后排列的。按照前面所说，皇帝的棺椁一定是摆放在正中有金眼吉井的棺位上，皇后、皇贵妃棺椁则按照尊卑主次的位次关系分别排列在皇帝棺椁的左右（东西）；当正面棺床上的棺位占用完后，再排列在侧面的东垂手和西垂手棺床上。按照这种方式，裕陵地宫的七个棺位六个人用的话，空出来的棺位应该是地宫金券西垂手的棺位，可事实上不是这样的。因此，这里就出现一个疑问：西垂手的棺床都被占用了，为什么东垂手的棺位却空着呢？

慧贤		金井	孝贤	
			哲悯

裕陵地宫棺位葬入推测示意图一

慧贤		金井	孝贤	
淑嘉				哲悯

裕陵地宫棺位葬入推测示意图二

慧贤		金井	孝贤	令懿
淑嘉				哲悯

裕陵地宫棺位葬入推测示意图三

慧贤		乾隆	孝贤	令懿
淑嘉				哲悯

裕陵地宫棺位葬入推测示意图四

哲悯	孝仪	乾隆	孝贤	慧贤
				淑嘉

裕陵地宫棺位葬入推测示意图五

　　这的确是个历史之谜。但笔者经过研究认为，这个东垂手棺位空着是有原因的。

　　首先，我们先来看裕陵地宫安葬的这五位后妃的位号和排名顺序就会发现如下的事实：孝贤纯皇后是乾隆帝的第一位皇后，理所当然应该葬在乾隆帝棺椁之左一（东一）。孝仪纯皇后是乾隆帝的第三位皇后，因为"母以子尊"在死后二十年后被追封皇后，入葬时的身份是皇贵妃；孝仪纯皇后葬入时，裕陵地宫中已经葬入了四个人，即孝贤纯皇后、慧贤皇贵妃、哲悯皇贵妃、淑嘉皇贵妃。结合历史考虑，当时乾隆帝的第二位皇后那拉氏已死，并且因触怒乾隆帝而未被葬入裕陵地宫。于是，在孝仪纯皇后葬入裕陵地宫前，裕陵地宫正面棺床上除了乾隆帝棺椁位置，还有两个空棺位，即乾隆帝棺椁之右一（西一）的位置和孝贤纯皇后之左（东）的位置，这本是预留给那拉皇后和未来储君生母的棺位。乾隆帝当时又没有立皇后，嗣皇帝虽然已经确定，但却没有对外公开，还是处于保密时期。而嗣皇帝的名字一旦公布，嗣皇帝的生母必然要被追封为皇后。于是，尽管此时的乾隆帝已经知道嗣皇帝是谁，但为了继续对外保守这个秘密，也为了给未来的嗣皇帝生母留有一个皇后棺椁的位置，以皇贵妃身份葬入裕陵地宫的孝仪纯皇后棺椁只能先放在孝贤纯皇后的棺椁之左（东）的位置，乾隆帝棺椁之右一（西一）的皇后位置只能先空着。这样既能不让外人知道是否立有嗣皇帝，以及嗣皇帝是谁，还可以为嗣皇帝生母留有一个皇后棺椁位置。而当嗣皇帝的名字对外公布后，嗣皇帝的生母也被追封为皇后，嗣皇帝生母的棺椁就可以名正言顺安放在乾隆帝棺椁之右一（西一），即孝仪纯皇后棺椁放在乾隆帝棺椁之右一（西一）这个皇后棺椁的位置之上。安放的时间，笔者认为应该是在乾隆帝死后其棺椁葬入裕陵地宫后安放的。否则当乾隆帝那必然居中的棺位还空着的时候，就将孝仪纯皇后棺椁安放其之右一（西一），这样在地宫金券狭小的空间上，就会出现奉安乾隆帝棺椁时的困难。因为棺椁与棺椁之间的距离很小，并且每具棺椁的四角还都要安设一块巨大的龙山石卡住棺椁，龙山石也要固定在石棺床上，以此起到稳固棺椁防止移动的作用。据笔者分析，乾隆帝棺椁入葬前就已经葬入地宫的五具棺椁中，孝贤纯皇后棺椁已固定在左一（东一）位置，淑嘉皇贵妃棺椁在入葬时就安放在了西垂手棺床上，这两个棺位已经安设了龙山石和榫眼。除此之外，考虑到以后棺椁位置的变化，以及移动棺椁的方便，其他三具棺椁，即孝仪纯皇后棺椁、慧贤皇贵妃棺椁、哲悯皇贵妃棺椁在葬入地宫后，也许根本没有开凿榫眼、使用龙山石卡住棺椁，因此金券东垂手石棺床上到现在也都没有固定龙山石的榫眼。于是，当乾隆帝棺椁葬入地宫金券居中的棺位后，孝仪纯皇后的棺椁也从孝贤纯皇后棺椁之左（东）移到乾隆帝棺椁之右一（西一）位置。为了不让地宫正面棺床上出现空着的棺位，于是又将正面棺床最西面的慧贤皇贵妃棺椁移到孝贤纯皇后棺椁之左（东）的位置，将地宫金券东垂手棺床上的哲悯皇贵妃棺椁移到孝仪纯皇后棺椁之右（西）即原先慧贤皇贵妃棺椁的位置之上。因为是早有计划，因此在乾隆帝棺椁奉安地宫金券棺床前，除了金券东垂手的棺床，其他三个地方的棺床之上，各根据实际棺椁的大小方位，经过测量都打好了榫眼，当棺椁都奉安后，再安设龙山石卡住棺椁。不排除孝贤纯皇后之左（东）、乾隆帝之右二（西二）两个棺位上已打好榫眼的可能。因为孝仪纯皇后入葬时使用的棺椁就是皇贵妃级别的金棺，即使将她的棺椁移开后，所遗留的龙山石榫眼也可以给其他皇贵妃用。对于孝贤纯皇后之左（东）、乾隆帝之右一（西一）两个棺位上已打好龙山石榫眼的可能性，笔者认为不大，因为如果打好龙山石榫眼，那么放在东垂手的棺床上目前已知是没有打好龙山石榫眼的，不可能地宫出现只有一具棺椁不打好龙山石榫眼摆放在那里，只能是三具棺椁都没打好龙山石榫眼才不会被人胡乱猜疑。对于笔者这样的分析和推测，我们来看看清朝陵寝官员编撰的《昌瑞山万年统志》上的记载：

（乾隆）十七年十月二十七日辰时恭移孝贤纯皇后梓宫奉安。

二十二年十一月初二日巳时奉移淑佳皇贵妃金棺祔葬。四十年十月二十六日辰时恭移孝仪纯皇后梓宫奉安。嘉庆四年九月十五日卯时奉移高宗纯皇帝梓宫永安宝城地宫。是日，并移慧贤皇贵妃金棺、哲悯皇贵妃金棺祔葬。

这段记载也正符合笔者的推算。在这段记载中，特别提到"是日，并移慧贤皇贵妃金棺、哲悯皇贵妃金棺祔葬"这句话，即乾隆帝棺椁奉安地宫的当天，慧贤皇贵妃和哲悯皇贵妃的棺椁也移动改变了位置。而实际上，这两个皇贵妃的棺椁是与孝贤纯皇后棺椁一起从北京奉移到东陵，并于乾隆十七年（1752）十月二十七日当天，一同葬入裕陵地宫。对此，清朝陵寝官员编撰的《陵寝易知》上记载：

孝贤纯皇后，乾隆十三年三月十一日薨。（乾隆）十七年十月二十七日奉安。

慧贤皇贵妃，（乾隆十年）正月二十六日（当为二十五日）薨。乾隆十七年十月内奉安。

哲悯皇贵妃，（雍正十三年）七月三日薨。与上同日奉安。

也许有人会问，既然慧贤皇贵妃和哲悯皇贵妃的棺椁与孝贤纯皇后的棺椁同一天入葬裕陵地宫，那为什么同样是陵寝官员所记载的档案，《昌瑞山万年统志》上却对此没有记载呢？这一点，只要清楚这两份陵寝档案的作用就能明白了。《昌瑞山万年统志》记录的是发生在陵寝的各种事情，属于官方档案性质的记载，是经过乾隆帝批准的档案；

《陵寝易知》是为了对陵寝日常的服务更加方便而记载的一份陵寝档案，上面记载的一些人和事情以及日期，比《昌瑞山万年统志》上记载的要详细一些，但不见得比它记载的全面，因此属于陵寝官员之间的地方部门工作手册。至于《昌瑞山万年统志》上为什么在记载孝贤纯皇后入葬地宫时没有记载慧贤皇贵妃和哲悯皇贵妃的入葬，估计是出于对死者的尊敬而故意漏掉的。因为目前所看到的《昌瑞山万年统志》是光绪年间重修编撰的，以前老版本的《昌瑞山万年统志》部分内容，有可能经过了删减或修改，不排除一些内容不全或有漏记的。

通过以上叙述和分析，我们知道，乾隆帝在第二位皇后那拉氏死之后，就没有再晋封新皇后。这样一来，乾隆帝最多也只能再有一位皇后，那就是嗣皇帝的生母。可是，在那拉皇后死后九年之内，乾隆帝还没有秘密确立嗣皇帝，并且在孝仪纯皇后被册为皇贵妃之后，也再没有人被晋封为皇贵妃。而在那拉皇后惹怒乾隆帝之前就已经病逝的纯惠皇贵妃，也正因为当时裕陵地宫留给后妃的只剩那拉皇后及未来嗣皇帝生母两个棺位，才没有被葬入裕陵地宫，而改葬在妃园寝地宫。纯惠皇贵妃死后四年，那拉皇后因触怒乾隆帝，死后虽保有皇后名号，却已经没有了皇后的待遇，并且还被葬在了妃园寝内。按照当时裕陵地宫所葬实际人数及乾隆帝后宫的妃位号推断，裕陵地宫中的那拉皇后的棺位位置，只能是嗣皇帝的生母所使用了。而实际上，在那拉皇后死后七年所立嗣皇帝颙琰，其生母是当时已经葬入裕陵地宫的令懿皇贵妃，即后来的孝仪纯皇后。因此，那拉皇后让出来的棺位，最后被孝仪纯皇后使用，孝仪纯皇后原来使用的棺位也让给了慧贤皇贵妃。以此类推，慧贤皇贵妃的棺位让给了原本安放在东垂手的哲悯皇贵妃；又因为淑嘉皇贵妃的棺位已经固定在地宫金券西垂手的棺床上，因此，裕陵地宫金券的东垂手就成为空出来的一个棺位。

以上仅仅是笔者的个人分析和推测，是否真相如此，尚需档案的发现。

还有，也许有人会这么认为，裕陵地宫的这六个人葬入时，他们的葬位就是现在棺椁所在的位置，即乾隆十七年（1752）第一次葬入时，孝贤纯皇后棺椁在乾隆帝棺椁之左一（东一），慧贤皇贵妃棺椁在孝贤纯皇后棺椁之左（东），哲悯皇贵妃棺椁在乾隆帝棺椁右二（西二），乾隆帝棺椁之右一（西一）和金券东西垂手都空着；乾隆二十二年（1757）第二次葬入时，淑嘉皇贵妃棺椁葬在金券西垂手，乾隆帝棺椁之右一（西一）空着，东垂手棺位也空着。乾隆四十年（1775）第三次葬入时，当时还是令懿皇贵妃的孝仪纯皇后葬在了乾隆棺椁之右一（西一），其理由是那时乾隆帝的那拉皇后早已死去，但并没有葬在裕陵地宫。于是裕陵地宫当时乾隆帝棺椁位置和东垂手就空着。第四次葬入时，乾隆帝葬入正面棺床居中位置，东垂手棺床一直空着至今。对于这种说法，笔者设计了一个与其对答辩论的方式来做个推论，以便更好地弄清事实真相。

笔者问："第三次葬入时，还是令懿皇贵妃的孝仪纯皇后为什么就没有可能葬在东垂手而一定就会直接葬在乾隆帝棺椁之右一（西一）呢？"

其回答说："有这样的三条档案记载：一是乾隆四十年（1775）九月二十七日，东陵承办事务衙门为咨催令懿皇贵妃金棺应于宝城内何处奉安并庆贵妃、豫妃、新贵人应于何圈池奉安之处致内务府；二是乾隆四十年（1775）十月初六日，东陵石门工部上奏咨询内务府，询问令懿皇贵妃金棺尺寸，以便在地宫金券棺床上预先开凿四个卡住棺椁所需的龙山石铆榫；三是乾隆四十年（1775）十月初六日，东陵承办事务衙门咨询礼部奉安令懿皇贵妃入葬地宫所需'搭材夫役六十名、木匠两名、石匠八名、漆匠两名，共七十二名'的记载。这说明孝仪纯皇后安葬之处已经经过乾隆帝确认定好位置且是被固定在棺床上，石匠负责打好龙山石榫眼，以便将棺椁固定在棺床上，因为是被固定在棺床上，所以推测令懿皇贵妃入葬时就是直接被固定在现在的乾隆帝棺椁之右一（西一）位置。以此类推，慧贤皇贵妃、哲悯皇贵妃、淑嘉皇贵妃葬入时，也是现在的位置，没有移动。"

笔者追问说："石匠在地宫是打棺床龙山石榫眼，那漆匠干啥呢？"

其回答说："也许是漆饰龙山石上的朱砂。"

笔者再问道："如果当时身份还是令懿皇贵妃的孝仪纯皇后被直接葬在本是那拉皇后或者嗣皇帝生母才应该葬的位置上，而东垂手棺床空着不用，那是否意味着由于令懿皇贵妃金棺葬在乾隆帝棺椁之右一（西一）位置而暴露其子已被确立为嗣皇帝的秘密呢？"

其回答道："乾隆帝将当时还是令懿皇贵妃的孝仪纯皇后葬在他的棺椁之右一（西一）位置，的确令人疑惑，不可思议，因为确实有泄露已立嗣皇帝及嗣皇帝名字之嫌。故此疑惑，也许当时朝臣已经知道嗣皇帝是谁也未可知。"

笔者又问："按照您的说法，孝贤纯皇后、慧贤皇贵妃、哲悯皇贵妃葬入地宫后，地宫金券的乾隆帝棺椁之右一（西一）、金券东西垂手三处棺床都还空着,那为什么淑嘉皇贵妃直接葬在西垂手棺床上而空着东垂手棺床位置呢?"

其回答说:"这的确是一个谜!"

笔者又问:"淑嘉皇贵妃葬入后,地宫金券还有两个空棺位,按照您的说法,这两个空棺位的位置应该是乾隆帝棺椁之右一(西一)即现在的孝仪纯皇后之位置,以及东垂手的棺位。但此时乾隆帝的那拉皇后还活着,也还没有触怒乾隆帝。为此,乾隆帝将死在淑嘉皇贵妃之后的纯惠皇贵妃葬在了裕陵妃园寝,其原因就是给当时的那拉皇后预留一个死后的位置,以及给未来嗣皇帝的生母留一个皇后位置。那么,如果那拉皇后没有被废,她的儿子也没当上嗣皇帝,还死在了乾隆帝之前,并且嗣皇帝的生母也是另有其人,不是已葬入地宫的皇贵妃,也还死在了乾隆帝之前,那是否嗣皇帝生母就要被葬在金券的东垂手呢?"

其回答道:"这的确很难说,因为如果是这样的话,就意味着将来嗣皇帝的生母所葬在的地宫位置卑于慧贤皇贵妃和哲悯皇贵妃棺椁所在的金券棺床位置。"

通过上述的一番对答辩论的记述,笔者是这么认为的,对于裕陵地宫中的孝仪纯皇后是否直接葬入乾隆帝棺椁之右一(西一)这个位置,以及金券东垂手棺位如今还空着这个问题,笔者是基于"必须在地宫正面棺床上预留皇后及未来嗣皇帝生母棺位"这个前提进行分析的,相信读者已经明白笔者的意图,并有自己的分析和判断。

(十六)裕陵地宫雕刻的佛像及法器之谜

裕陵地宫雕刻以佛像、佛塔、佛经、法器、吉祥物为中心内容,主次分明，错落有致，图文并茂，内容丰富。通过统计，这些雕刻位置和数量如下：

第一道石门月光石佛像一尊、明堂券券顶佛像十三尊、穿堂券券顶佛像二十四尊、第三道石门门楼月光石佛像一尊、第三道门洞券月光石佛像一尊、金券东西平水墙上月光石佛像二尊，券顶六字真言三组佛像三尊，共佛像四十五尊；菩萨居于八扇石门立像各一尊，共有菩萨八尊；天王居于第一道门洞券，东西壁各坐像二尊，共天王四尊；"狮子进宝"位于第二道门楼两侧各一组，共"狮子进宝"二组；五欲供位于穿堂券东西壁各一组五件，共五欲供二组十件；摩尼宝珠位于第四道石门两扇门后各一件，共摩尼宝珠二件；八宝位于明堂券东西平水墙上月光石八宝各一组，金券东西平水墙月光石八宝各一组，第一道石门背后左右八宝一组、第二道石门背后左右八宝一组、第三道石门背后左右八宝一组，共八宝七组；吉祥法物为莲花、法杵、法轮、犀角、珊瑚、法铃、法螺、孔雀翎、吉祥草、奔巴壶、火焰宝珠等，地宫各处都有雕刻。

乾隆帝生前信佛，号称"佛心天子"，他在皇宫和行宫中建造了很

裕陵地宫"狮子进宝"雕刻

多佛堂楼阁和供佛寺庙，经常在宫中举行礼佛和拜佛活动，中正殿是当时的佛事活动中心。宫中的雨花阁是宫中修习密宗的重要场所，也是宫中唯一一座藏传佛教建筑。传说乾隆帝的佛性和佛缘，与他相信自己是文殊菩萨转世有关。

作为乾隆帝死后居住的地下宫殿，裕陵地宫的布局构造是九券四门，每种佛像、菩萨、法器、佛供器等图案的雕刻，绝不是随意的没有含义的雕刻。这些雕刻对我们了解、确定经咒的佛教性质，能提供最有效的帮助。但雕刻这些佛像和法物的内容及其布局，其根据又是什么？对此，目前没有一个很好的说法。

（十七）裕陵地宫经文之谜

裕陵地宫中的文字包括两部分，即雕刻在地宫墙壁和券顶上的文字，以及地宫金券棺椁上的文字。

其一，雕刻在地宫墙壁和券顶上的文字。其雕刻内容和形式是梵（古代印度文字）、藏两种文字的阴刻经咒，而且主要为藏传佛教的内容。所刻的梵文经咒有白伞盖心咒、三字咒、金刚手心咒、六字大明咒等，共计六百四十七字；所刻藏文均为藏文注音的经文，计有二万九千四百六十四字。

其二，地宫金券棺椁上的文字。1928年清逊帝溥仪派人到东陵重殓乾隆帝、后、妃遗骨时，宝瑞在《东陵于役日记》中写道：

> 帝、后梓宫表面里均雕刻番字陀罗尼经，有内棺外椁。宝城内上方与四面之石，满刻梵文经咒，崇信典释，蔑以加兹。

上 裕陵地宫明堂券东平水墙上的藏文经咒
下 淑嘉皇贵妃内棺上的藏文经文

作为随员的徐榕生在《东陵于役日记》中也写道：

> 裕陵系高宗纯皇帝及孝贤纯皇后富察氏、孝仪纯皇后魏佳氏、哲悯皇贵妃富察氏、慧贤皇贵妃高佳氏、淑嘉皇贵妃金佳氏，计金棺六具（椁）皆满贴金，梓宫四具（棺）皆朱红雕漆卍字地阴文径寸梵字及牡丹花。

那么，裕陵地宫中的这些由梵文和藏文组成的经文文字，在内容和形式上，有什么暗示或表达什么含义呢？对此，国内外专家学者在各自领域展开自己的研究，并有诸多成果发表。

第六章 破解地宫佛像和经文

人们在参观裕陵地宫时会发现，裕陵及其地宫隐藏着很多的历史谜团。面对精美又神秘的地宫，人们急切地想破解地宫雕刻和经文之谜。法国的研究者参与其中，并为此展开了较为深入的研究。随之，中国的研究者紧随其后，展开了更为广泛的深层研究。

一、两位大师走进地宫

对裕陵地宫的清理意味着地宫即将开放了。与此同时，破解布满地宫的经文和佛像，也就成为当时的首要任务。

明十三陵中的定陵地宫是新中国成立后有组织有计划发掘开启的第一座皇帝陵地宫。但是，明定陵地宫于1959年开放后，由于种种原因，始终未有发掘清理的文字说明及研究成果问世，这使得以夏鼐为团长的中国考古代表团在1977年10月访问伊朗时，遭到了外国代表对于中国考古研究尖锐的提问和嘲笑。当时身为清东陵保管所所长的宁玉福，清楚地知道发掘、清理、破解裕陵地宫文字的重要性。因为在当时，无论国内还是国外的考古发掘清理，都是按照严格的程序进行的。要发掘一座遗址或古墓，先从实际勘查处入手，在掌握大量的线索和证据后，再进行现场发掘。这个过程要与照相、测量、绘图和记录同时进行，不能有半点的疏忽和遗漏。待实际发掘清理工作结束后，就应立即撰写带有科学研究成果的清理报告或论文，以不同形式公之于世，为研究者提供进一步探索的科学性原始依据，同时也为历史爱好者提供史学资料。因此，宁玉福所长指令徐广源先生和谢久增先生想尽一切办法，诚请中国佛教协会会长、著名佛教专家赵朴初先生到清东陵来，以求破解裕陵地宫佛堂经文之谜。

赵朴初，1907年11月5日生于安徽省太湖县。1980年后，他分别担任过中国佛教协会会长、中国佛学院院长、中国藏语系高级佛学院顾问、中国宗教和平委员会主席、中国书法家协会副主席。他佛学造诣极深，由他撰写的《佛教常识问答》等著述深受佛教界推崇。作为杰出的爱国宗教领袖，赵朴初在国内外宗教界有着广泛的影响，深受广大佛教徒和信教群众的尊敬和爱戴。

1977年11月11日早上7点，赵朴初先生从他的家——北京西城南小栓胡同1号乘坐上海牌轿车出发。当时随同赵朴初一同来东陵的还有故宫博物院副院长彭炎和故宫博物院陈列部主任杨伯达。当天上午10点，他们到达东陵。在慈禧陵神厨库内的接待室稍作休息后，赵朴初、彭院长、杨主任在所长宁玉福、会计谢久增和徐广源三人陪同下参观了裕陵地宫。

在裕陵地宫，赵朴初等人见到地宫到处雕刻着精美的图案和数以万计的藏、梵两种文字的经文、经咒，感到非常震惊，他们说："几十年来，参观过无数的洞窟摩崖，但从来还未见过像清东陵裕陵地宫这样有如此精美、深奥、规范的石雕。"因此他们看得格外仔细。在赵朴初等人的参观过程中，徐广源等人向他们介绍了裕陵地宫的开启和清理过程，并表示希望在破解裕陵地宫藏、梵文文字方面得到支持和帮助。也许是出于谨慎，赵朴初等人除了称赞地宫雕刻技艺精湛，并没有明确指出地宫雕刻文字的经咒内容和含义。但在参观乾隆帝内棺时，赵朴初惊叹之余，探身仔细查看，不由得脱口而出："这可能是《华严经》和《普贤行愿品》……地宫里的咒经可能是《大藏全咒》。"

裕陵地宫开放不久，藏传佛教领袖十世班禅额尔德尼·确吉坚赞闻讯也带着他的经师洛桑曲培·桑达丹巴坚赞赶到清东陵，特意来参观乾隆帝的裕陵地宫。

确吉坚赞为十世班禅额尔德尼，法名全称为"罗桑赤烈伦珠确吉坚赞"。"班禅额尔德尼"称谓中,"班"是梵语"班智达",即"学者"之意;"禅"是藏语"钦波",即"大"之意;"额尔德尼"是满语,意为"珍宝"。藏传佛教信徒一般认为班禅是"月巴墨佛"即阿弥陀佛的化身。

在清东陵,十世班禅和他的经师洛桑曲培·桑达丹巴坚赞受到了热情接待,在所领导和徐广源的陪同下兴致勃勃地参观了裕陵地宫。对此,徐广源先生有如下回忆:

> 班禅大师是一个三十多岁的中年人,说着一口流利的普通话,班禅大师的经师是一位个子不算太高、很瘦但很精神的老者。他们在地宫里左看右瞧,对于裕陵地宫里的佛文,一直也未说出到底刻的是什么经咒。岁数大的经师看了许久之后对班禅说:好像是用藏文拼写的另一种语言。他们临走时表示,裕陵地宫的学问太精深了,没有相当高深的藏文、梵文功底,没有相当深厚的佛学知识,是难以破解的。

二、这个答案不完美

在裕陵地宫,不仅墙壁券顶雕刻大量的佛像经文,就是帝后棺椁之上也用不同手法雕刻着大量的佛经和图案。而这些佛经和图案不仅仅是一种装饰,更有着某种深刻的含义或秘密,那么人们能从中解读出什么秘密呢?

1928年8月,徐榕生在《东陵于役日记》中写道:

第六章 破解地宫佛像和经文

裕陵系高宗纯皇帝及孝贤纯皇后富察氏、孝仪纯皇后魏佳氏、哲悯皇贵妃富察氏、慧贤皇贵妃高佳氏、淑嘉皇贵妃金佳氏，计金棺六具（椁）皆满贴金，梓宫四具（棺）皆朱红雕漆卍字地阴文径寸梵字及牡丹花，其二皆外无椁者，当是皇贵妃所用。被匪兵将椁劈开者五具，其一欹置于被炸石门之上，其一为石门左扉所压，因椁之漆甚坚，仅去椁盖之半，棺盖则斫一大洞，棺内之物及骨，皆自此取出。于此棺内捡得颅骨一，此骨决是高宗纯皇帝之骨，因前捡得之骨，存在之齿尚多，则此仅存一齿，可为高年之证，且生齿之孔为三十六，他骨二十八或三十二也。此颅骨较他骨为大，又同在此棺内捡出胫骨一，亦较他胫骨为长，更可证为男骨无疑。朱红雕漆之棺虽与他棺同，而梵字系阳文，亦与他棺阴文梵字者不同。

徐广源先生在清理裕陵地宫时也有回忆：

裕陵地宫的内棺表面都雕刻有藏文佛经，以卍字文为地，六口内棺中，有五口内棺的手法用的是阴刻，唯有乾隆帝的内棺最为精美奇特，所有的藏文佛经都是采用阳刻，其字体端庄清秀，刀法严谨有力，一丝不苟，堪称剔红工艺中的精品。乾隆帝的内棺里有五个头骨和一大堆乱骨头，另一口棺内有一个头骨和一些遗骨。那时，我还未看过耆龄、宝熙等人写过的东陵善后日记，并不知道重殓时将帝后五人的遗骨一起放入乾隆帝的内棺中，当时我看这口内棺比其它三口内棺大，地宫中有一帝二后三贵妃，最大的内棺只能是皇帝的了；第二，该内棺内外的经文、图案雕刻均为阳刻，其它三口内棺则为阴刻，阳刻比阴刻更为费工费时，工艺手法高。所以我判断这口内棺就是乾隆的棺木。令人遗憾的是，这口内棺在1977年9月已套上了外椁……

裕陵地宫乾隆帝的内棺

由于裕陵地宫中存在高深的佛教内涵雕刻，因此引起国外专家学者的广泛关注，法国国家科学研究院和美国加州州立大学对此展开了专题研究。其中，研究成果颇多的是法国的王微研究员。

王微（Franscoise Touten Wang），汉学家与藏学家，法国巴黎国立科学研究中心（Centre national de la recherche scientifique）研究员。专业研究方向为佛教，曾参与法国国家图书馆典藏的敦煌文献整理工作。当时研究方向更偏重于中国佛教与藏传佛教之间的相互影响，以及文字在佛教建筑中的运用。

为了对裕陵地宫雕刻内容展开更深入的研究，王微在研究的同时，多次来到清东陵与徐广源先生一起研究探讨乾隆帝的裕陵地宫文化。

自2004年起，经过将近两年的研究后，王微在2006年《故宫博物院院刊》第1期上发表了《乾隆裕陵棺椁藏文经咒释读》一文。

在文章中，为了更好地说明藏文在清宫葬礼中的使用情况，王微把裕陵妃园寝的纯惠皇贵妃棺椁与裕陵地宫的淑嘉皇贵妃棺椁作了比较，仔细分析了淑嘉皇贵妃的内棺和乾隆帝的外椁上雕刻的藏文经文。她发现：尽管两位皇贵妃的入葬时间相隔五年，但两棺椁四周刻写的经文是一样的，内棺前档的经文是三行《三十五佛名礼忏文》[①]，内棺左帮刻的是十八行《普贤菩萨行愿王经》[②]，内棺右帮刻写的是十八行《菩提行经》第十品的《回向品》，内棺后档刻写的是《普贤菩萨行愿王经》《弥勒誓愿文》《开头和结尾的祈祷词》[③]《弥勒尊身》[④]。

王微仔细观察后发现，两位皇贵妃棺椁的唯一区别是棺盖，纯惠皇贵妃的棺盖上没有任何文字，而淑嘉皇贵妃的棺盖上藏文很多。对此王微的解释为：清宫对于棺椁上的经文内容有专门的规定。因此，

---

① 《三十五佛名礼忏文》准确的称法应是"三聚经"，又名"菩萨戒过犯忏悔仪轨"，是《优波离会》的一部分，《优波离会》是构成大乘佛经《大宝集经》四十九部中的第二十四部。8世纪，不空法师仅仅翻译了其中的一部分，命名"三十五佛名礼忏文"。
② 据六世班禅白丹益喜传记记载，乾隆四十二年（1777）乾隆帝生母去世的时候，西藏为她所做的佛教仪式中有拉萨数百僧诵念《普贤菩萨行愿王经》的活动。
③ 《开头和结尾的祈祷词》是格鲁派创始人至尊宗喀巴所写，被收录在格鲁派院念诵及仪轨经集内。
④ 《弥勒尊身》是由至尊宗喀巴大师的弟子根顿主巴撰写的。16世纪时，这位大法师被尊称为"一世达赖喇嘛"。

她展开对淑嘉皇贵妃棺椁盖上的文字的研究。

经过研究，王微发现，淑嘉皇贵妃内棺的前挡镌刻有十八行《三聚经》，此经又名"菩萨戒过忏悔仪轨"，其中被翻译的一部分经文，被称为"佛说三十五佛名礼忏文"；内棺的左帮处，镌刻有十八行《普贤菩萨行愿王经》；内棺的右帮处，镌刻有十八行《菩提行经》；内棺的后档处镌刻着《普贤菩萨行愿王经》《弥勒誓愿文》《弥勒尊身》等。经过解读内棺四帮的这些经文，王微认为，这些经文之所以被镌刻在内棺的四帮，因为忏悔法和回向法都是佛教葬礼仪轨的基本部分。这两种修法能让逝者洗清种种罪恶，不堕落地狱、恶鬼、畜生诸余饿趣，即得生西方净土莲花化生阿弥陀前守菩提记。

淑嘉皇贵妃内棺棺盖表面刻写的是《佛顶尊胜陀罗尼》；内棺棺盖左侧刻写的是《菩提场庄严陀罗尼经》和不知道来源的陀罗尼经；内棺棺盖的右侧刻写的是《佛顶放无垢光明入普门观察一切如来心陀罗尼经》；内棺棺盖的脚端刻写的是《秘密舍利箧陀罗尼》；内棺棺盖头端前两行所刻写的陀罗尼不知出处，第三行则是《普明大日如来陀罗尼》。经过解读这些内棺棺盖上的文字，王微认为，刻写在淑嘉皇贵妃和纯惠皇贵妃内棺上的经文，是一本非常可靠的佛经藏文译文。

由此，她分析说，这些刻在皇贵妃内棺上的佛经和陀罗尼，一定与葬礼礼仪有密切关系，他们属于清净恶业往生净土的，以此为亡人祈福。

后来，王微又对乾隆帝的外椁展开研究发现，外椁西侧前两行藏文刻的是《寒林经》中所记载的西方广目天王的陀罗尼和《五保护经》。

其中，第三行则是祈祷词"吉祥偈文"：

> 白昼吉祥整夜吉祥！每白昼恒久吉祥和整夜永远吉祥的三宝吉祥来吧！

因此，王微认为，把这些祈祷词写在外椁上，意味着这是对乾隆帝的崇拜，而且给予他一个神的地位。还可以把这个三宝吉祥的文字认为是代表或者象征哈达。而笔者认为，这是把乾隆帝放在了一个高于神的位置，是凌驾于神的唯一的意思。

最后，王微在文章中写道："众所周知，乾隆帝和藏传佛教所保持的关系极为密切而且复杂……陵寝本不是外人参观的窗口，而是一个最隐秘的私人场所，可是这个陵寝给藏传佛教很明显且很重要的地位。被用来刻写于内棺与外椁的经文在藏传佛教中具有极其重要的位置，因此乾隆帝自己十分倾向藏传佛教应是一个事实。"

在这篇《乾隆裕陵棺椁藏文经咒释读》文中，王微还有另外一个研究成果，那就是解决了地宫"三十五佛"分布位置问题。

原来，裕陵地宫中雕刻的八大菩萨、五方佛、三十五佛等佛像，人们只找到了其中的八大菩萨和五方佛在地宫里的位置，唯独三十五佛找不到在什么地方。

对此，王微在论文中指出：三十五佛并没有刻在一起，而是分布在五个地方。这五个地方是：穿堂券券顶有二十四尊，明堂券券顶的五方佛中间佛像的周围有八尊，第一、第三、第四道石门的月光石上各雕一尊佛像。这样加起来正好是三十五尊佛像。

裕陵地宫五方佛中间佛及四周八尊三十五佛（部分）

2006年9月，笔者看到一篇全面解读裕陵地宫整体佛像和文字的文章。

综合笔者所知道的清陵帝后棺椁的一点肤浅知识，以及对乾隆时期历史文献的理解，笔者认为，该文章的解释基本上符合古人营建地宫的理论。这篇文章的作者无疑对佛教有着精深的研究，对裕陵的地宫也非常了解。

值得注意的是，笔者按照上述材料的指点，到裕陵地宫逐部位进行核对、领悟，绝大部分都能对上号。但文章中存在一个小小的误差。材料上是这样写的：

> 金券石门北面门楣上是开光用的咒（八个字），表示地宫是很神圣的、很重要的、像神佛的住地一样的地方。

第六章　破解地宫佛像和经文

这里说门楣上的咒是八个字，但笔者实地观察考证，发现这个咒是九个字。有可能这是文章作者的笔误。

裕陵地宫金券内石门上方的梵文是九个字

裕陵地宫金券南壁石门上方横排九字总持

通过对上述研究成果的解读表明，王微以经咒为中心，阐释了石刻图像与经咒二者之间的联系，并指出设计者通过经咒的选择与排布而构建佛塔的意向，发现了三世章嘉若必多吉以及西番学总管工布查

195

布对地宫营建的重要影响。由此可见，关于裕陵地宫的石刻内容解读已取得了大量成果。

三、再次解读地宫

继王微对裕陵地宫研究之后，众多的研究者参与进来，在王薇的研究基础之上，开展了更为广泛的有深度的研究，尤其是对地宫图案、经文布局及设计者的思路方面的研究。在2016年第5期的《故宫博物院院刊》上，署名"陈捷""张昕"的两位研究者发表了题为《裕陵地宫石刻图像与梵字的空间构成和场所意义》的论文，对石刻元素在墓室空间的组织逻辑、意义塑造以及由此反映的设计意图、表达方式，乃至对使用者需求的满足方法等方面都进行了分析，阐释了在特定的裕陵地宫空间内，设计者是如何在空间、葬仪和宗教信仰等因素的共同作用下，在地宫内构建出一系列仪式性场景的，从而揭示了裕陵地宫既具有佛殿、佛塔和墓室特征，又具有混合性与矛盾性的多样化场所之意义。

作者在论文中写道：

> ……裕陵地宫的营造受到陵寝制度、宗教信仰和设计者主观意识等多重因素的影响，由此形成了一个由建筑空间与石刻元素共同构建的、具有特殊空间意义的场所，并为其后的昌陵地宫所效仿。
>
> 裕陵地宫沿用清代帝陵的九券四门制度，各券石刻主要分布

于曲面券顶、半圆形月光墙以及四向分布的矩形平水墙上，内容则与《朱批奏折》记载相符。具体而言，乃是以瑜伽部五方佛为核心，以三十五佛、八大菩萨、四大天王为衬托，辅以梵、藏经咒，及八宝、宝珠、五欲供物等，共同构成一个完整的体系。其中基本元素包括密教中次第有别的瑜伽部与事、行两部神系。首先是瑜伽部五方佛系列，由佛像、佛经、佛塔结合，成为身、语、意三所依的完整呈现。其次是事部和行部的出世神系，包括佛部、莲花部、金刚部三部。出世神系除主尊外，还增加了重要的三部主，以及尊胜、无垢、白伞盖构成的佛部三部顶。

就地宫的场所意义而言，其核心目的在于构建一组场景，即帝后于梓宫在天王的驱恶和五佛的加持下，通过八大菩萨的引导于纵深空间穿行，在此过程中借三十五佛之力渐次清净三业，最终抵达五佛庇护的场所，并于此往生极乐。在场景的构建过程中，多样化且具有突出适应性的石刻元素与组织手法使地宫的场所意义得到了全面重塑，在满足仪式性场景的需求之外，亦产生了极具混合性与矛盾性的多元空间特色。

作者在论文中认为：

同现存明清帝陵相比，石刻元素及其处理手法共同塑造了裕陵地宫独特的场所意义。石刻元素的内容因宗教和艺术背景的约束而相对固定，处理手法由此成为场所意义塑造中最有力且最具可变性的因素。针对地宫空间意义的塑造，以下手法值得关注。

其一为对地宫空间的多重诠释。首先是墓室场所意义的整体性重塑。通过券顶诸尊朝向的调整和东、西两佛的北、南呼应，墓室空间被重塑为与日常起居的宫室有别、与佛寺相仿的参礼场所，乾隆帝及其眷属则被赋予了神性。其次是对佛塔概念的反复强调。佛塔具有安置重要遗骨和庇佑死者的双重属性，尤其在金券中，壁面的划分、五佛的散布和藏文经咒的组织构成了舍利函和佛塔的多重意向，进一步强化了乾隆帝的神性。

其二为基于主观感受的适应性调整。设计者沿用地上佛殿的惯用做法，根据观者在特定场所的主观感受对元素的组织方式加以调整，由此产生了明堂券曼荼罗的特殊格局，并衍生出四大天王的布局方式。同时，八大菩萨造像的次序和门扇、门对梵字的纵向排列，则反映出对空间秩序和壁面观感的适应，由此也显示出设计者在空间意义表达与教义阐述两方面的深厚造诣。

其三为布局模式与关键点的统一。首先，设计者将东南起始、右旋排布的五佛格局与右绕之法相结合，分别施于明堂券五方佛曼荼罗和三十五佛之8佛，并影响了三十五佛之24佛和四大天王的布局。其次，在三所依系列中，金券、明堂券和二层门洞券的券顶经咒与佛塔的设置有关，均取右绕之法。同时，核心两券的不动佛造像与穿堂券的不动佛真言均朝北向。最后，横列五佛、三部主真言及八大菩萨造像均始于东向，各券平水墙供物的排列亦以东向为基础，从而形成了整体布局的逻辑性。

其四为对系列元素的组合与拆分。作为核心的五方佛与相关经咒构成三所依系列，将金券、明堂券和门洞券三组空间组合为等级递减的整体。三券券顶的梵字轮廓与顶部空间匹配的三部顶心咒及与出世神系匹配的三部主真言等均强化了该系列的整体性。作为衬托的三十五佛散布于五处,以强调轴线的贯穿。与之相应,出世神系的纳入、菩萨的拆分和天王的前置同样突出了对穿行路线的引导。

作者在论文总结中写道:

> 以上手法的综合运用,使裕陵这座晚期墓葬呈现出丰富的意义和显著的文化交融特征:地宫内呈现出陵墓、宫室、佛殿、佛塔在空间格局和装饰手法上的交融;汉藏文化在图像、文字与空间秩序上的交流;佛教元素对帝王需求的满足及对其人格的神化,等等。空间和元素在设计者的统筹安排下,在功能、属性、等级和含义等方面形成了整体性关联。同时,设计者利用空间、葬仪和信仰等因素的共同作用,成功构建了一系列仪式性场景,塑造了场所意义的混合性与矛盾性特征,凸显了场所及其构成元素的不可分割性。

通过以上节选可以看出,作者在论文中对裕陵地宫的佛教图案、经文与空间的关系,以及设计者使用手法和创作思路的分析详细而周到,完美而无可挑剔,似乎裕陵地宫雕刻之谜有了确切的答案,但笔者对此却不那么认为。在笔者看来,以上论文仅研究和分析了设计者的创意,并停留在图案与经文布局上,只是解释了宗教与建筑之间的关系和意义,其认识仍属于字理表面,而并非深层次的含义,或者说解释的深层次内涵还不够。这好比乾隆帝一生写了很多诗却不如李白写的诗有名气，原因就在于两人的身份地位、人生阅历的不同。研究裕陵地宫，如果只考虑地宫规制和宗教角度，而忽视了乾隆帝自我情感态度为中心的价值观，就会丧失对地宫使用者的信仰、文化、气度和至高无上的政治地位等多种元素放在同一层次上的综合考虑。设计者所站的角度是对既定事物的一种规划和创作，他们设计出来的方案只有被乾隆帝认可或者符合乾隆帝的要求才能实施。只有乾隆帝具有高于设计者的智慧和鉴赏能力，才能创造出如今裕陵地宫这样博大精深的旷世建筑。而现在大多数研究者也仅仅是站在对地宫图案、经文本身的宗教和文化价值角度去分析，而非站在帝王使用者的个人和国家层面去研究裕陵地宫的图案、佛像、经文与建筑方位的布局和关系。这种片面的研究，其观点必然是偏颇的，这将影响到人们对裕陵地宫的综合认识。

毫无疑问，作为帝王死亡后安葬之地的地宫，其重要性不仅体现在宗教意义和建筑艺术价值，还应该有非凡的个人和国家在内的内在含义，尤其是清朝鼎盛时期营建的号称"文武十全"的乾隆帝的地宫。因此，裕陵地宫佛教图案、藏文经文及其布局所体现的，不仅有乾隆帝的信仰、文化、地位，还有其独特的帝王视角，不能只研究其形而不研究其气场。

据清皇室善后小组成员宝熙的《东陵于役日记》记载：

> 帝后梓宫表里均雕刻番字陀罗尼经，有内棺外椁。宝城内上方与四面之石，满刻梵文经咒，崇信典释，蔑以加兹。

按照以上记载所说，裕陵地宫刻满梵文的原因是墓主人"崇信典释，蔑以加兹"。

通常，信佛礼佛而高于佛，有文化有地位、尊荣而又有权力驱使佛的人，只有帝王。

所以，根据对上述记载的解读，加上笔者多年来的分析和考证，似乎可以得出这样的结论：裕陵地宫内镌刻佛像、经文除了旨在对死者亡灵的尊敬、保护，还有对亡灵生前的政绩概括，以及生前的精神追求、梦想和寄托。作为一代帝王所在意的，除了尊崇和权力，就是版图大小及国家的稳定和繁荣。因此对于裕陵地宫佛像与经文的研究，简单来说就是，裕陵地宫体现了乾隆帝是政治权力和宗教精神的中心，是权力和宗教的高度统一。也就是说，裕陵地宫是根据乾隆帝个人修养、特殊地位与当时国家鼎盛时期等因素设计的，与乾隆帝个人信仰、国家政治、宗教色彩、民族关系、地宫规制等都有关系。

除此之外，也有人说，乾隆帝生前有个人崇拜癖好，说不定在裕陵地宫的那些文字当中，就有那么一两句乾隆帝生前说的个人口号、格言或座右铭。笔者对那些文字没有研究，但仅凭文字的雕刻方位和布局看，不排除有，也不否定其无。也就是说，裕陵地宫的研究，无论是局部的细节研究还是全局的内在研究，都有待继续深入下去。

第七章 解密裕陵妃园寝

乾隆帝的后妃中只有五个幸运者葬入裕陵地宫，其余者均按照身份的高低，以及死亡时间的先后顺序分批葬入妃园寝。身份尊贵者，葬地也高贵。等级分明在妃园寝体现得最为显著，因为这里的建筑规制被人为提高过。然而令人想不到的是，乾隆帝的那拉皇后竟然也葬在了这里。

一、园寝规制被提升

在裕陵西面大约一里半远的地方，有一处绿琉璃瓦的红墙建筑群，坐北朝南，东、西、北三面砂山环绕，它就是乾隆帝的妃园寝——裕陵妃园寝。

裕陵妃园寝始建于乾隆十二年（1747），完工于乾隆十七年（1752），初称"胜水峪妃衙门"。乾隆二十七年（1762）纯惠皇贵妃入葬后，妃园寝称为"纯惠皇贵妃园寝"。嘉庆四年（1799），乾隆帝入葬裕陵后，妃园寝又改称为"裕陵妃园寝"。

据实地考察，裕陵妃园寝的建筑规制由南往北依次如下：一座一孔拱桥、一座三孔平桥，东西厢房各五间、东西班房各三间，大门为三间三门，东西配殿各五间，享殿五间，陵寝门两座，后院为方城、明楼、宝城、大宝顶各一座，以及五排共三十四个独立的小宝顶。这些宝顶按照由南往北的顺序分五排，每排雁翅形横向排列，第一排三座、第二排七座、第三排九座、第四排十一座、第五排五座。

生前有尊卑，死亡有先后。那么，乾隆帝的这些妃嫔在妃园寝内又是按什么顺序排列安葬的呢？

裕陵妃园寝的这些宝顶排列是有一定规律的。地位高的妃嫔葬在前排，宝顶也相对较大；地位低的妃嫔依次往后面安葬，地位越低越靠后，宝顶也较小。如果在同一排，地位高的在中间，地位低的往两边排列。清朝陵寝规制：建造陵寝时，根据当时妃嫔人数、地位高低安排葬位位次，固定好位置后，才开始施工建造。如果某人死后地位晋升，位

裕陵妃园寝远前景

裕陵妃园寝享殿东园寝门及明楼

裕陵妃园寝纯惠皇贵妃方城后的大宝顶

第七章　解密裕陵妃园寝

裕陵妃园寝大门

裕陵妃园寝西配殿

置一般不做更改，如乾隆帝的庆恭皇贵妃死于贵妃位上，死后追赠为皇贵妃，葬位没有改变；乾隆帝的晋妃是一个特例，她于道光帝即位后由贵人被晋封为妃。其葬位本应在第三排或第四排，可是这时妃园寝只剩下了最后一排的西端第一位的一个砖池没有使用，于是道光帝命将砖池改为石池葬入晋妃。

本来，按妃园寝规制，裕陵妃园寝初建时，建有拱桥、平桥、东西厢房、东西值班房、大门、享殿、园寝门及诸多小宝顶，环以绿琉璃瓦红墙。但在乾隆二十五年（1760），乾隆帝下令对裕陵妃园寝进行了两年之久的大规模扩建。在原妃园寝基础上，增建了方城、明楼、宝城和大宝顶各一座，明楼内立有一统朱砂石碑，上面用两种文字刻有"纯惠皇贵妃园寝"字样，汉文居左，满文居右。还增建了园寝前院的东西配殿各五间，改建面阔墙为享殿两侧的卡子墙，在卡子墙上各设有园寝琉璃门一座。虽然改建的工期只有两年多，但花费不菲。除了直接动用白银十三万四千零四两三钱三分，还从京师直接领用总价为两万两千九百三十九两四钱二分白银的铜、铁、铅、颜料、琉璃瓦料等各项物料。

裕陵妃园寝明楼内的朱砂碑

第七章　解密裕陵妃园寝

乾隆帝为什么要改建裕陵妃园寝呢？其原因是要葬入他的宠妃——纯惠皇贵妃，她是这座妃园寝中地位最高的人物。

如果说改建裕陵妃园寝的原因是为了葬入纯惠皇贵妃，但对于因改建而增建的原因，笔者认为，首先是乾隆朝国力强盛，国库充实；其次是他觉得既然皇贵妃能从葬皇帝陵，也就应该有资格单独修建规格低于皇后陵的宝城、方城，起码应该与其他普通妃嫔宝顶有明显区别，所以他有意创建皇贵妃级别妃园寝新规制，即凡葬有皇贵妃的妃园寝，都建东西配殿，皇贵妃地宫上修建宝顶，宝顶外建宝城，宝城前建方城、明楼，方城前建砖礓嚓。可是，这一切都是乾隆帝的一厢情愿，除乾隆朝给康熙帝的两位皇贵妃建皇贵妃园寝外，就这座裕陵妃园寝是按照这种思路所建，而以后历代所建皇贵妃宝顶，均不是按照这种思路建的，因为国力衰弱或者不符合规制。因此，乾隆朝以后，就再也没有单独为皇贵妃建方城、宝城、明楼这类建筑了。

虽然裕陵妃园寝扩建方案是仿照景陵妃园寝建的，但它比景陵妃园寝规制明显高很多，与景陵皇贵妃园寝比较，它又稍低些，景陵皇贵妃园寝享殿前设置了一块"丹凤朝阳"丹陛石，是清朝等级最高的妃园寝。然而与其他清陵妃园寝比较，裕陵妃园寝具有以下建筑特点：

1.裕陵妃园寝的一孔拱桥比起景陵妃园寝和景陵皇贵妃园寝的拱桥，明显在拱券上雕刻有一只吸水神兽——蚣蝮。自此之后，清陵妃园寝的拱桥拱券上也都雕刻吸水神兽，成为定制。

2.裕陵妃园寝大门前的月台南侧是石礓嚓，景陵妃园寝和景陵皇贵妃园寝的大门前的月台之南，则是石踏跺。自此之后，清陵妃园寝大门前的月台之南，都是石礓嚓，成为定制。

3.裕陵妃园寝与景陵皇贵妃园寝一样，均建有东西配殿五间。这在清陵妃园寝中是仅有的第二处。与景陵皇贵妃园寝一样，裕陵妃园寝的东西配殿的功能，现在还不清楚。

4.裕陵妃园寝的园寝门只有两座，并且位于享殿的东西两侧，但裕陵妃园寝的这两座园寝门都是琉璃花门，规格很高。这在清陵妃园寝中是唯一的特例。

5.裕陵妃园寝的方城、明楼等建筑位于园寝的中轴线上，与景陵妃园寝比较，裕陵妃园寝多出来方城、明楼、宝城等建筑；与景陵皇贵妃园寝比较，裕陵妃园寝多出来方城左右及身后的那些小宝顶。将方城、明楼、宝城等建筑与诸多妃嫔等宝顶混建在一起，这种格局类似于孝惠章皇后的孝东陵，但孝东陵属于皇后陵级别。所以，在清陵妃园寝中，裕陵妃园寝这一特点是唯一的。

二、享殿"藏宝"

历来，陵寝享殿的神牌位次、陈设、尊藏、祭器数量、祭祀用品等都是研究陵寝的重要参考资料，根据这些资料，可以进一步了解内葬人的生前地位、生前经历、清宫的生活、皇帝的性情，以及清宫史的内幕与清朝丧葬文化的发展和演变。而在以往，由于种种原因，清陵妃园寝的这一重要的研究课题，却一直是空白。

最近，笔者经过不懈努力，获得了一份光绪二十三年（1897）四月的裕陵妃园寝享殿的原始档案——《裕陵各处陈设清册》。现抄录如下，以飨读者。

第七章　解密裕陵妃园寝

裕陵妃园寝享殿暖阁神龛神牌的排列次序

纯惠皇贵妃园寝神牌位次（由左往右排列）：

东暖阁：容妃、颖贵妃、豫妃、惇妃

中暖阁：忻贵妃、庆恭皇贵妃、纯惠皇贵妃、愉贵妃、循贵妃

西暖阁：芳妃、婉贵妃、舒妃、晋妃

殿内陈设：

金漆香几五件，上设铜镀金五供一分，炉一件、花瓶二件_{上插松竹梅花一对}、蜡扦二件、铜镀金香盒一件；金漆戳灯四盏_{各随黄铜蜡托盘一件、明黄油敦布面绢里夹套各一件}；东边设酒案二张_{每张各有明黄云缎面杭细里夹套一件、明黄油敦布单垫子各一件、明黄纺丝油单案面各一件、明黄油敦布面杭细里夹套各一件}；西边设酒案二张_{每张各有金黄云缎面杭细里夹套各一件、金黄油敦布单垫子各一件、金黄纺丝油单案面各一件、金黄油敦布面杭细里}

209

夹套各一件。

中阁设：

宝座五分_{上设桩缎靠背迎手坐褥足垫五分，明黄二分、金黄三分}；云缎夹挖单五件_{明黄二件、金黄三件}；油敦布挖单五件_{明黄二件、金黄三件}；宝座前设连五供案一张_{明黄云缎面杭细里夹案套一件、明黄油敦布单垫子一件、明黄纺丝油单案面一件、明黄油敦布面杭细里夹案套一件}；东边供大佛花一座，小佛花十一座_{清明前一日安设，岁暮祭日请出焚化}；中暖阁外挂明黄云缎织凤幔一架；暖阁内明黄云缎夹壁衣三件；宝椅五张_{桩缎褥五分，明黄二分、金黄三分、各随流苏四挂}；云缎挖单五件_{明黄二件、金黄三件}；油敦布挖单五件_{明黄二件、金黄三件}；金漆戳灯二盏_{各随黄铜蜡托盘一个}；明黄油敦布面绢里夹套各一件；龛内明黄油敦布夹地平一件；高丽凉席一领；明黄云缎天花壁衣一分；明黄云缎幔一架；宝床一张：夹布垫连明黄片金面纺丝里床刷一件；明黄片金夹足垫一件；床上设金黄红绿色桩缎褥三床；褥上设绿锦夹垫一件；檀香木架一座；金黄片金面纺丝里帷幄套一件；龙被五床_{明黄二床、金黄三床。明黄被里失去一件、金黄被里失去二件，曾经行文取，并未交到}；三镶枕五个；迎手枕十个_{穗全}；朱红漆木托八个；云缎夹套八件_{明黄四件、金黄四件}；云缎夹垫八件_{明黄二件、金黄六件}；云缎面纺丝里迎手套十件_{明黄四件、金黄六件}；油墩布夹套十件_{明黄二件、金黄六件}；磁痰盒一件。

东暖阁外设：

宝座四分_{上设金黄桩缎靠背迎手坐褥足垫四分，金黄云缎夹挖单四件，金黄油敦布单挖单四件}；宝座前设：连四供案一张_{金黄云缎面杭细里夹案套一件，金黄油敦布夹垫子一件，金黄纺丝油单案面一件，金黄油敦布面杭细里夹案套一件}；东暖阁前面挂金黄云缎幔一架；暖阁内：金黄云缎夹壁衣三件；宝椅四张_{金黄桩缎褥四分，随流苏，金黄云缎挖单四件，金黄油敦布挖单四件}；金漆戳灯二盏_{各随黄铜蜡托盘一个，金黄油敦布面绢里夹套各一件}；龛内金黄油敦布夹地平一件；高丽凉席一领；金黄云缎天花壁衣一分；金黄云缎幔一架；宝床一张，夹布垫连金黄片金面纺丝里床刷一件、金黄片金夹足垫一件；床上设金黄红绿色粧缎褥三床；褥上设绿锦夹垫一件；檀香木架一座；金黄片金面纺丝里帷幄套一件；金黄龙被四床；三镶枕四个；迎手枕八个_{穗全}；朱红漆木托八个；金黄云缎夹垫八件；金黄云缎面纺丝里迎手套八件；金黄油敦布夹套八件。

西暖阁外设：

宝座四分，上设金黄粧缎靠背迎手坐褥足垫四分；金黄云缎夹挖单四件；金黄油敦布单挖单四件；宝座前设连四供案一张；金黄云缎面杭细里夹案套一件；金黄油敦布夹垫一件；金黄纺丝油单案面一件；金黄油墩布夹案套一件；西暖阁前面挂金黄云缎幔一架；暖阁内金黄云缎夹壁衣三件；宝椅四张，金黄粧缎褥四分_{随流苏}；金黄云缎挖单四件；金黄油敦布挖单四件；金漆戳灯二盏_{各随黄铜蜡托盘一个}；金黄油敦布面绢里夹套各一件；龛内金黄油敦布夹地平一件；高丽凉席一领；金黄云缎天花壁衣一分；金黄云缎幔一架；宝床一张，夹布垫连金黄片金面纺丝里床刷一件、金黄片金夹足垫一件；床上设金黄红绿色粧缎褥三床；褥上设绿锦夹垫一件；檀香木架一座；金黄片金面纺丝里帷幄套一件；金黄龙被四床；三镶枕四个；迎手枕八个_{穗全}；朱红漆木托八个；金黄云缎面夹套四件；金黄云缎夹垫八件；金黄云缎面纺丝里迎手套八件；金黄油敦布夹套八件。

奠酒应用：

金器共三件，共重五十八两九钱；镀金银器九件，共重三百八十两；银器八件，共重一百十四两一钱五分；镀金银云叶花梨木茶桌一张殿贮；镀金银云叶花梨木酒桌一张殿贮；银云叶花梨木酒桌一张殿贮。

纯惠皇贵妃、庆恭皇贵妃二位案前，膳房、饽饽房应用：各镀金银器二十三件，各共重二百六十两；各银器六十四件，各共重七百五十七两；各镀金银镶牙筯二支。

豫妃、舒妃、容妃、芳妃、惇妃、晋妃六位案前，膳房、饽饽房应用：各铜器七十八件，各共重一百四十一斤零十一两；各牙筯二支。

祀典：

纯惠皇贵妃、庆恭皇贵妃、愉贵妃、忻贵妃、循贵妃、颖贵妃、婉贵妃、舒妃、豫妃、容妃、芳妃、惇妃、晋妃共十三位，一年四大祭，每祭供膳桌十三张，每桌供：奶皮一碗中元换糊都饽饽一碗、鸡蛋一碗、江米糕一碗、黄米糕一碗、小酥饽饽一碗、炸勒克一盘、烙勒克一盘、蜂蜜印子二盘、沙糖印子一盘、鸡蛋印子一盘、七星饼一盘、红馅梅花酥一盘、鸡蛋鲁酥一盘、鸡蛋糕一盘、白薄烧饼一盘、鸡蛋薄烧饼一盘、黄馅赶皮一盘、糖酥饼一盘、果馅厚酥饽饽二盘、芝麻烧饼二盘、高丽饼一盘、大麻花一盘、红麻花一盘、白馓枝一盘、红馓枝一盘、枸奶子糕一盘、山葡萄糕一盘、奶皮花糕一盘中元用干奶皮、小菊花饽饽一盘、奶干糕一盘、山梨面糕一盘、英荸面糕一盘、白奶糕一盘此四样糕中元换小菊花饽饽四盘，干鲜果十七样，在于所定二十九样干鲜果品内按随时所得更换应用。蜂蜜一碟、白盐一碟，共五十四样。

牲匣内：供牲羊二支。

一、忌辰十二小祭，每年祭供干鲜果品十二盘，在于所定二十九样干鲜果品内按随时所得更换应用。

一、每年供香瓜、西瓜各一次，得时礼部交送，随祭供献。

嫔六位、贵人十二位、常在四位，嫔、贵人一年四大祭，常在清明、岁暮二大祭，每祭每桌各供：熟羊尾一盘、烧羊胸一盘、烧野鸡一盘_{中元无野鸡，用羊肉片一盘}、鲜鱼一盘、蘑菇一盘、木耳一盘、蕨菜一盘、饭一碗、粉汤一碗、酸奶子一碗、鹹白菜一碟、酸菜一碟、青王瓜一碟、酱稍瓜一碟、青酱一碟，共十五样。饽饽桌每桌各供：江豆条四碗、沙糖印子二盘、鸡蛋印子一盘、黄馅梅花酥一盘、红馅梅花酥一盘、白薄烧饼二盘、蜂蜜印子二盘、红馅赶皮一盘、黄馅赶皮一盘、糖酥饼二盘、果馅厚酥饽饽三盘、红麻花二盘、白麻花二盘、红馓枝一盘、白馓枝二盘，干鲜果品十八样，在于所定二十三样干鲜果品内按随时所得更换应用。共四十五样。烧酒二十二尊。

嫔、贵人：

一、每年供香瓜、西瓜各一次，得时礼部交送，随祭供献。

员役名数：

尚膳副一员、尚茶副一员、委管领一员、膳房人十名、茶房人六名、领催一名、差役人三十七名。

通过以上陈设清单我们获知了如下信息：

1.第一次比较全面地了解妃园寝享殿陈设及装饰情况。

2.第一次比较全面地了解妃园寝享殿三暖阁内部装饰、摆设等情况。

3.通过这个记载中的"大佛花一座，小佛花十一座"，第一次了解到，清明时，两个皇贵妃共用一座大佛花；贵妃、妃等级使用的是小佛花，每人一座小佛花。嫔及嫔以下位号的人没有佛花。

但又据《遵化通志》记载："每年清明前一日，帝、后、皇贵妃、皇太子各供大佛花一座；贵妃、妃、嫔、贵人、答应、常在、福晋、格格各供小佛花一座。于岁暮祭日焚化，系石门工部造送。"

因此这就出现两个疑问：皇贵妃是一人一座还是多人共用一座大佛花？嫔及嫔以下位号的人是否有佛花，为什么两份档案记载不一样呢？

4.通过这个记载了解到，妃园寝享殿与皇帝陵隆恩殿一样，也设有宝椅。宝椅，又称"神椅"。目前关外清陵，有人称之为"福晋椅"，这是不对的。宝椅的功能是临时供奉神牌。每当隆恩殿大修前，神牌需要由隆恩殿奉移东配殿。奉移前，神牌先由暖阁内请出移到隆恩殿东墙处宝椅上临时供奉，等将暖阁内神龛等物件搬拿到东配殿后，神牌再由隆恩殿东墙处移到东配殿。当隆恩殿大修完成后，神牌由东配殿奉移隆恩殿前，在东配殿前需要搭设龙棚，神牌由东配殿请出临时供奉在神椅上。等将东配殿神龛陈设等物件奉移回隆恩殿暖阁复原后，再将神牌请回隆恩殿暖阁神龛。

5.第一次了解皇贵妃与妃祭祀相同，但膳房、饽饽房应用器皿种类有所不同。

然而，令人奇怪的是，以上这份陈设清单虽然记载很详细，但这里面没有记录享殿有皇贵妃、妃画像等方面信息。而据清史专家孟森先生《香妃考实》中记载，裕陵妃园寝应该藏有妃画像一大一小两张：

民国二、三年，陆文慎宝忠之子妇，徐相国郙之女太仓陆夫人游东陵,至容妃园寝,至一处,守者谓即香妃冢。凡陵寝园寝飨殿有遗像,一大一小,小者遇有祭祀即张之,大者年仅张设一次。陆夫人以香妃之传说甚庞杂,亲至其园寝,始知流言之非实,请于守者,以摄影法影容妃像以归。所摄乃其小者,大像封局未得见也。

又据《清废帝溥仪档》记载,东陵守护大臣毓彭在民国十四年八月的一封私人信件中提到,东陵马兰关总兵张之庆将"裕陵圣容及蓉(应为'容')妃圣容均行携入署中"。其中"蓉妃圣容"即指裕陵妃园寝的"容妃"画像。

由此可知,不仅裕陵有"圣容",就是裕陵妃园寝的妃等级也有画像。

还有,根据这份档案我们知道,在裕陵妃园寝中,身份地位最高的是乾隆帝的纯惠皇贵妃。

三、两座地宫 三个女人

目前,裕陵妃园寝开放有两座地宫:一座是居于妃园寝主宝顶下的纯惠皇贵妃地宫,另一座是民间传说的香妃即容妃地宫。

下面,介绍一下裕陵妃园寝已经开放的两座地宫的清理情况,及其墓主人的生平。

(一)纯惠皇贵妃地宫的清理及墓主人介绍

纯惠皇贵妃,原称"苏氏",后改称"苏佳氏",正白旗满洲包衣,苏召南的女儿,生于康熙五十二年(1713)五月二十一日,比乾隆帝

215

弘历小两岁，于雍正年间入侍宝亲王弘历的潜邸，为格格。弘历即位后不久即被册封为纯嫔，乾隆二年（1737）被册封为纯妃，乾隆十年（1745）被册封为纯贵妃，乾隆二十五年（1760）四月十一日册封皇贵妃，同月十九日去世，享年四十八岁，同年五月谥为"纯惠皇贵妃"。乾隆二十七年（1762）四月十九日葬入裕陵妃园寝。她为乾隆帝生育了皇三子、皇六子、皇四女。

纯妃（后来的纯惠皇贵妃）

　　本来，按照景陵开始的制度，皇贵妃等级有资格从葬皇帝陵地宫。可不巧的是，纯惠皇贵妃死时，乾隆帝的裕陵地宫已经葬入一个皇后、三个皇贵妃。地宫七个棺床位置，除了乾隆帝的棺椁位置，还剩下两个。那时，乾隆帝的继后那拉皇后还活着，另外，还要为将来的嗣皇帝的生母预留一个棺位，因此，裕陵地宫没有多余的棺位留给纯惠皇贵妃使用了。为了弥补这个遗憾，作为补偿，乾隆帝令人将裕陵妃园寝改建和扩建，在裕陵妃园寝最尊贵的前排居中位置，为纯惠皇贵妃单独建立了方城、明楼、宝城和大宝顶，宝顶下是地宫，之后将纯惠皇贵妃风光体面地葬入地宫。

　　1981年11月30日晚，清东陵文物保管所将纯惠皇贵妃地宫打开。纯惠皇贵妃地宫由六券一门构成，即隧道券、闪当券、罩门券、一道

第七章 解密裕陵妃园寝

石门、门洞券、梓券、金券。其中隧道券、闪当券和罩门券为砖券，地面用砖铺墁，其余三券为石券、石地面，门管扇为铜制。在隧道券与闪当券相接处的券顶部位发现盗洞口，地宫的石门对缝处被凿出一个宽二十三厘米、高四十厘米的大洞。金券内地面泥浆半尺深，里面到处都是被拆散的棺木，在棺床上正中摆放着一具内棺，东侧摆放有一具椁，棺和椁前后各有一块长条形的掐棺石，作用相当于帝后陵地宫中的龙山石。内棺形制与其他后妃的内棺没有大的区别，内棺通体红漆，上面阴刻藏文佛经，底纹为卍字不到头图案，文字笔画内填金。在内棺的底部被凿开一个大洞，内棺中发现有两个头骨、遗骨一堆。经过清理地宫，人们只发现了以下一些小件遗物：金戒指（嵌件不全）一件、金耳环钩一件、宝石坠两件、大小镀金铜扣十余个。对纯惠皇贵妃地宫的开启、清理发现，纯惠皇贵妃地宫也经过两次以上被盗。

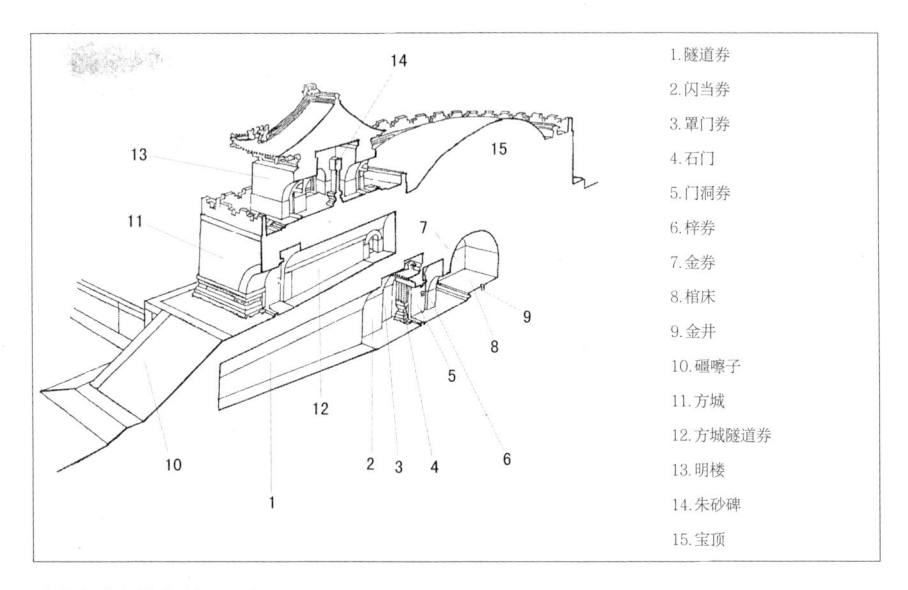

1. 隧道券
2. 闪当券
3. 罩门券
4. 石门
5. 门洞券
6. 梓券
7. 金券
8. 棺床
9. 金井
10. 磴嚓子
11. 方城
12. 方城隧道券
13. 明楼
14. 朱砂碑
15. 宝顶

纯惠皇贵妃地宫剖面示意图

217

上 裕陵妃园寝纯惠皇贵妃地宫内两具棺椁
下 裕陵妃园寝纯惠皇贵妃地宫

第七章　解密裕陵妃园寝

据研究，纯惠皇贵妃地宫中发现的两个头骨，一个是纯惠皇贵妃的，另一个竟然是乾隆帝的继后那拉氏的。

以前，人们在清宫档案中一直没有找到那拉皇后的葬地记载。后来，人们在《内务府奏案》目录中发现一个关于那拉皇后的丧事条目，可档案是用满文书写的，因当时不懂满文无法解读。而在清东陵珍藏的清朝官员所记录的《昌瑞山万年统志》中也没有发现那拉皇后葬地的记载。虽然在《陵寝易知》中发现有这样的记载："谨按纯惠皇贵妃园寝中建宝城，奉安皇后、纯惠皇贵妃。"在裕陵妃园寝的葬位图中，标注的是那拉皇后与纯惠皇贵妃同葬在主宝顶下的地宫内，居于左侧；在"神牌位次"部分记载："皇后位于后殿，乾隆三十一年七月十四日薨。是年九月二十八日入宝顶奉安。未入享，无祭。"但对于只有这样一些简单文字的记载，人们似乎还不大相信，因为乾隆帝的那拉皇后毕竟还有"皇后"位号，并且档案记载是按照皇贵妃礼仪办理丧事的，怎么可能在她死后却悄无声息地塞入纯惠皇贵妃的地宫中呢？

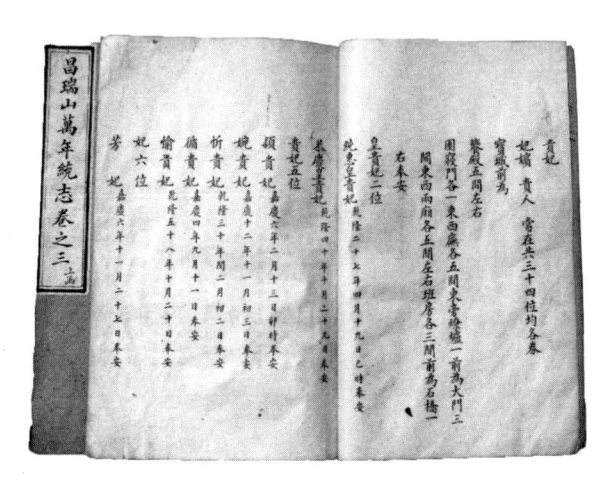

《昌瑞山万年统志》一书中关于裕陵妃园寝内葬人的部分，并没有那拉皇后的记载

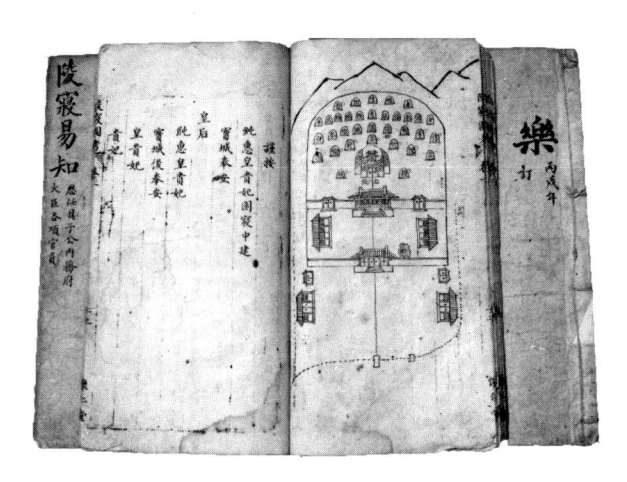

《陵寝易知》中记载裕陵妃园寝葬位图及内葬人中都提到了那拉皇后

然而，纯惠皇贵妃地宫的开启、清理，则可以明确告诉我们：乾隆帝的那拉皇后死后葬地之谜已经彻底揭开了。那么，为什么乾隆帝的那拉皇后被葬入纯惠皇贵妃的地宫中呢？

据查，这与那拉皇后失宠有直接关系。

那拉皇后，那拉氏，正黄旗满洲人，生于康熙五十七年（1718）二月初十日，比乾隆帝小七岁，是佐领那尔布的女儿。雍正帝将那拉氏赐给皇四子弘历当侧福晋。弘历即位后封她为娴妃。乾隆十年（1745）正月二十三日又晋封为娴贵妃。乾隆十三年（1748）三月，孝贤纯皇后死后，中宫皇后之位悬缺，七月晋封娴贵妃为皇贵妃，摄六宫事，代行皇后职务。乾隆十五年（1750）八月初二日被正式册立为皇后，后来被称为"继后"或"继皇后"。

乾隆三十年（1765）正月，那拉皇后随驾南巡，至杭州。闰二月十八日早上，乾隆帝赏赐了那拉皇后膳品。然而，随后在当日，那拉皇后被乾隆帝派额驸福隆安由水路送回了北京。四月二十日乾隆帝回京后，于五月初十日收回了那拉皇后的四份册宝，即皇后一份、皇贵妃一份、娴贵妃一份、娴妃一份，裁减了她手下的用人，只留有两名宫女。按清宫制度，只有最低下的答应才配两名宫女。于是，那拉皇后实际上只存有皇后的虚名，而没有皇后的待遇和地位了。因此，人们习惯性称她为"废皇后"，意思是被废了。实际上，她并没有被废，仍然还保有"皇后"位号，只是被打入了冷宫而已。乾隆三十一年（1766）七月十四日，乾隆帝正在热河避暑山庄，那拉皇后病死。乾隆帝听到那拉皇后的死讯后，并未回京，只打发那拉皇后所生之子永璂回京料理丧事，下旨按照皇贵妃礼仪办理那拉皇后丧事。

据清宫档案《内务府奏案》记载，那拉皇后的整个丧事过程，仅仅花费白银二百零七点九七两。其中，所使用的丧仪衣库仅为：

金棺套一个，用官用粧缎七丈二尺九寸八分，杭细七丈六尺八寸二分。

板凳套二个，用毘芦帽一分，用官用倭缎二丈六尺三寸二分二厘。

座套一分，用官用黄云缎四十四丈二寸，杭细四十丈二寸六分一厘。

供床套一个，用官用粧缎四丈二尺九分五厘，杭细一丈七尺七寸六分八里。

供床褥一个，用官用粧缎九尺七寸二分，官用红片金九尺七寸二分，官用石青片金一尺八寸。

缎挖单一个，用官用缎一丈八尺。

幡一首，用官用红片金六丈九尺九寸六分，官用石青片金三丈三寸四分。

纺丝挖单一个，用素纺丝二丈五尺六寸。

行罩一分，用官用缎四十三丈三尺四寸九厘，杭细四十一丈二尺一寸四分。

五供桌套一个，用白素绫四丈二尺六寸七分，高丽布四丈八寸七厘。

金黄缎轿刷一分，用官用缎三丈三尺六寸二分。

金黄绫轿刷一分，用金黄绫三丈八尺二寸八分八厘。

金黄绫轿刷一分，用官用缎三丈五尺六寸七分。

缠金棺用官用红片金四丈。

以上共用：官用片金十五丈一尺八寸二分，官用倭缎二丈六尺三寸二分五厘，官用粧缎八丈二尺七寸，官用缎一百一丈四尺五寸九分四厘，绫子八丈九寸五分八厘，杭细九十丈六尺九寸八分九厘，素纺丝二丈五尺六寸，高丽布四丈六尺八寸七厘。

实际上，那拉皇后的丧事不仅不如皇贵妃礼仪，就连普通的嫔都不如。所谓的按皇贵妃丧礼办理，充其量是把她葬入了皇贵妃级别的地宫，而这皇贵妃级别的地宫还是别的墓主人正在使用的，而她只能陪伴在别人旁边的偏位上，因为地宫棺床金井上已摆放了纯惠皇贵妃棺椁。但是，为了安葬她，乾隆帝令人重新打开已经封闭入口的纯惠皇贵妃地宫，也还算对得起她了。

那么，作为一代皇后，那拉皇后为什么会落得如此下场呢？

据查，那拉皇后之所以落得这样的下场，其主要原因是生前惹怒了乾隆帝。这可在乾隆帝的一道谕旨中找到答案。

乾隆四十三年（1778）九月初九日，乾隆帝斥责锦县生员金从善为那拉皇后鸣不平，乾隆帝在谕旨中有这样的说法：

> 那拉氏本朕青宫时皇考所赐侧福晋，孝贤皇后崩后，循序进皇贵妃。越三年，立为后。其后自获过愆，朕优容如故。国俗忌剪发，而竟悍然不顾，朕犹包含，不行废斥。后以病薨，只令减其仪文，并未消其位号。

从这道谕旨中可知，那拉皇后在皇太后、皇上都健在的时候自行剪发，这在清朝属于国俗大忌。而这种私自行为在当时来说，无疑是在诅咒皇太后、皇帝早死。因此，她遭到乾隆帝的严厉惩罚，也因此死后连个单独属于自己的安身之处都没有，没有神牌、不入享太庙，也没有任何祭祀。

如此看来，剪发是造成那拉皇后失宠致死的直接原因，但大家更好奇的是位居皇后、熟知国俗典制的她为何会突然做出剪发这一"国俗大忌"行为呢？这才是隐藏在其中的根本原因。对此，正史上没有明确记载，至今史学界也是争论不休，主要有以下四种说法。

1.因乾隆帝风流成性，皇后屡次劝阻无效才致剪发。

2.因皇后处于更年期，性情大变所致。

3.因皇后对乾隆帝准备晋升令贵妃为皇贵妃强烈不满所致。

4.因皇后对乾隆帝迟迟不立自己所生儿子为储君强烈不满，并在言语中流露出对孝贤纯皇后不满所致。

近年来，还有档案记载说，那拉皇后惹怒乾隆帝的原因是"剃发欲出家"，至于为什么"剃发欲出家"，目前还不知晓。但有一点可以肯定，"剃发"与"剪发"是不同的两个词语，因此造成的后果也是不一样的。仅从这两个词语的字面上理解，乾隆帝使用"剪发"这个词语，都已经算是对那拉皇后"天大的容忍"了，即回到北京后没有完全剥夺那拉皇后的生活待遇和政治权利，并最后还保留了"皇后"位号。用乾隆帝自己的话说，就是"仍存其名号，已为格外优容"了。当然，这也是乾隆帝给他自己留了很大的面子。

（二）容妃地宫的清理及墓主人介绍

容妃墓位于第二排东数第一位，规制与其他妃墓相同。矩形的月台上起建三合土夯筑圆柱形宝顶，月台正前方设有石踏跺，月台角柱石和踏垛均为青白石，月台的台帮俱用砍细澄浆城砖砌成。月台下面为地宫。

容妃，和卓氏，生于雍正十二年（1734）九月十五日，台吉和扎麦之女。乾隆二十五年（1760）二月初三日封为和贵人，时年二十七岁。乾隆二十七年（1762）五月二十一日晋封为容嫔。乾隆三十三年（1768）十月初六日晋封为容妃。乾隆五十三年（1788）四月十九日卒，享年五十五

香妃戎装像（现在台北故宫博物院）

岁。乾隆五十三年（1788）九月二十五日葬入裕陵妃园寝。

据考证，容妃就是民间传说的香妃，她是乾隆帝后妃中唯一的维吾尔族女子。

1979年10月6日，清东陵文物管理处打开容妃地宫并对其进行了清理。

容妃地宫为四券一门结构，即由罩门券、一道石门、门洞券、梓券和金券组成。

地宫内有深二十多厘米的泥浆，地宫的两扇石门半敞着，金券的棺床上东西向放着一具棺椁，外椁的右帮上被砍出一个长一点七五米、

容妃地宫

高零点六米的大洞，里面空空的，什么也没有。外椁正面上写有阿拉伯文字"以真主的名义"。最后，还是徐广源先生在泥浆中发现了一个头骨，并找到了一根发白的发辫。后来，又在泥浆中清理出一些遗留下来的随葬品：猫眼石、小钻石等各色宝石，珍珠、金耳环、琉璃珠、石雕佩饰、掐丝金饰、镀金铜纽扣，以及各种衣物残片：绣花龙袍、缂丝[①]龙袍、帖绣龙袍、锦褥、绫袍、绫裙、哈达[②]残片、三梭罗、花罗、黑纱及堆绫荷包、青缎吉祥帽等。

通过对容妃地宫出土的文物实物的分析和考证，证明墓主人容妃是维吾尔族，信仰伊斯兰教，死时地位是妃等级，年龄为五十多岁。

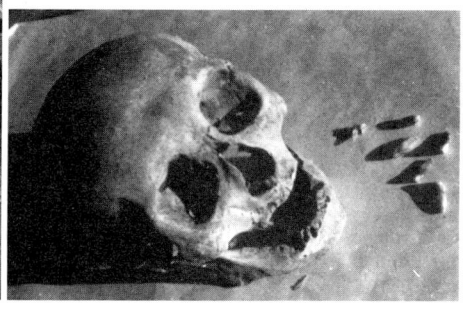

容妃棺椁上的盗洞　　　　清理地宫时发现的容妃头骨及牙齿

---

① 缂丝：中国特有的一种丝织手工艺品。织纬线时留下补织图画的地方，然后用各种颜色的丝线补上，织出后好像是刻出的图画，也叫"刻丝""克丝"。一件缂丝作品要经过数月乃至数年才能完成，所以有"一寸缂丝一寸金"之说。
② 哈达：一种薄绢，有白、黄等多种颜色。藏族、蒙古族用以表示敬意或祝贺。

四、其他妃嫔的人生档案

乾隆帝的四十一位后妃中，除了五位葬在了裕陵地宫，其他

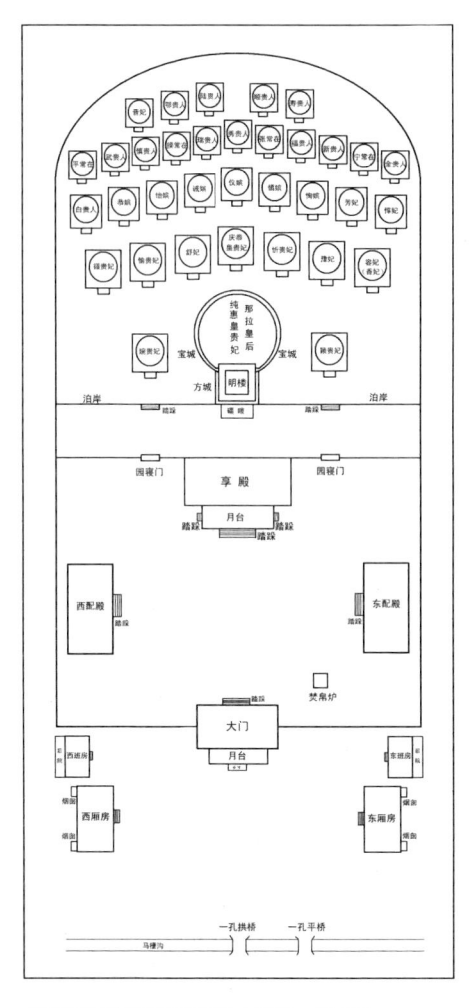

裕陵妃园寝平面示意图（绘图：徐鑫）

三十六位都葬在了裕陵妃园寝内。在裕陵妃园寝内，除已经对外开放的两座地宫葬有三位外，其他的三十三位妃嫔都各自为券，分别葬在三十三座宝顶下面的地宫里。

由于这些妃嫔都是自然死亡的，如果死亡日期相近，则二人或三人一起从京城的殡宫奉移妃园寝，同日入葬地宫。因此，裕陵妃园寝的这三十六位妃嫔是分二十一批、历经七十一年才葬入园寝的。在清陵妃园寝中，不仅入葬人数数量位居第二位，入葬时间跨度也位居第二位，仅次于康熙帝的景陵妃园寝。

下面，简单介绍一下葬在裕陵妃园寝的其他三十三位妃嫔的人生档案。

庆恭皇贵妃，陆氏，生于雍正二年（1724）六月二十四日，陆士隆之女。乾隆十三年（1748）封陆贵人，乾隆十六年（1751）封庆嫔，乾隆二十四年（1759）十二月晋封庆妃，乾隆三十三年（1768）六月初五日晋封贵妃。乾隆三十九年（1774）七月十五日病死，享年五十一岁。乾隆四十年（1775）十月二十六日葬入裕陵妃园寝。因曾抚养过年幼的嘉庆帝颙琰，因此，嘉庆四年（1799）正月初四日

庆嫔（后来的庆恭皇贵妃）

追封为"庆恭皇贵妃"。

颖贵妃，巴林氏，镶红旗蒙古人，生于雍正九年（1731）正月二十九日，都统纳亲之女。乾隆十三年四月二十二日封为贵人。乾隆十六年（1751）六月初八日册封为颖嫔。乾隆二十四年（1759）十二月十八日册封为颖妃。嘉庆三年（1798）十月二十四日被太上皇帝册封为贵妃。嘉庆五年（1800）二月十九日卒，享年七十岁。嘉庆六年（1801）二月十三日葬入裕陵妃园寝。

颖嫔（后来的颖贵妃）

婉贵妃，陈氏，汉族，生于康熙五十五年（1716）十二月二十日，陈廷璋之女。雍正时赐弘历，为格格。弘历即位后封为陈常在，复晋封为贵人。乾隆十四年（1749）四月册封为婉嫔。乾隆五十九年（1794）十二月二十九日册封为婉妃。嘉庆六年（1801）正月初八日诏封为婉贵太妃，同年四月十五日举行册封礼正式被尊封为婉贵太妃。嘉庆十二年（1807）二月初二日卒，寿九十二岁。嘉庆十二年（1807）十一月初三日葬入裕陵妃园寝。

忻贵妃，戴佳氏，镶黄旗满洲人，总督那苏图之女。生年不详，生日为五月十九日。乾隆十八年（1753）七月二十日诏封为嫔，乾隆十九年（1754）闰四月十一日举行忻嫔册封礼。乾隆二十年（1755）七月十七日生皇六女，四岁殇。乾隆二十二年（1757）十二月初七日生皇八女，十一岁殇。乾隆二十八年（1763）八月二十三日诏封为忻妃。乾隆二十九年（1764）四月二十八日病死，尚未举行妃的册封礼。加恩按照贵妃礼办理丧事。乾隆二十九年（1764）十一月二十六日敬事房呈忻贵妃遗物。乾隆三十年（1765）闰二月初二日，以贵妃礼葬入裕陵妃园寝。

忻嫔（后来的忻贵妃）

愉贵妃，海氏、海佳氏，亦称"珂里叶特氏"，生于康熙五十三年（1714）五月初四日，员外郎额尔吉图之女。雍正时入侍弘历潜邸。乾隆初封海常在，后进封贵人。乾隆六年（1741）二月初七日生皇五子永琪，十一月册封为愉嫔。乾隆十年（1745）十一月册封为愉妃，乾隆五十七年（1792）五月二十一日卒。加恩按照贵妃礼办理丧事。乾隆五十八年（1793）十月二十日葬入裕陵妃园寝。

循贵妃，伊尔根觉罗氏，镶蓝旗满洲人，总督桂林之女。生于乾隆二十三年（1758）九月十七日，比乾隆帝小四十七岁。乾隆四十一年（1776）十一月十八日诏封为循嫔。乾隆五十九年（1794）十二月二十九日册封为循妃。嘉庆二年（1797）十一月二十四日卒，终年四十岁，以

循嫔（后来的循贵妃）

贵妃礼办丧事。嘉庆四年（1799）九月十一日葬入裕陵妃园寝。

豫妃，博尔济吉特氏，蒙古族，生于雍正七年（1729）十二月十五日，塞桑根敦之女。乾隆二十三年（1758）十一月十七日封为多贵人，时年二十九岁。乾隆二十四年（1759）十二月十八日封为豫嫔。乾隆二十八年（1763）十月初八日封为豫妃。乾隆二十九年（1764）七月初四日册封。乾隆三十八年（1773）十二月二十日卒，终年四十五岁。乾隆四十年（1775）十月二十六日葬入裕陵妃园寝。

舒妃，叶赫那拉氏，正黄旗满洲人，生于雍正六年（1728）六月初一日，侍郎永绶之女。乾隆六年（1741）十四岁入宫，封为贵人。乾隆六年（1741）十一月册封为舒嫔。乾隆十四年（1749）四月初五日册封为妃。乾隆十六年（1751）生皇十子，三岁卒，当时未命名。乾隆四十二年（1777）五月三十日卒，享年五十岁，六月停灵西花园，同年九月二十日葬入裕陵妃园寝。

舒妃

惇妃，汪氏，正白旗满洲人，生于乾隆十一年（1746）三月初六日，都统四格之女。乾隆二十八年（1763）十月十八日入宫，封为永常在，时年十八岁。乾隆三十四年（1769）正月二十七日晋封为永贵人。乾隆三十四年（1769）十一月十二日册封为惇嫔。乾隆三十九年（1774）九月诏封为惇妃，十一月十六日册封。乾隆四十三年（1778）

因擅杀宫女降为嫔。乾隆四十五年（1780）又恢复妃位。嘉庆十一年（1806）正月十七日卒，享年六十一岁。嘉庆十二年（1807）十一月初三日葬入裕陵妃园寝。

芳妃，陈氏，汉族，生年不详，九月二十四日生，陈廷纶之女。乾隆三十一年（1766）十月十六日封明常在。乾隆四十年（1775）晋封为明贵人。乾隆五十九年（1794）十二月二十九日册封为芳嫔。嘉庆三年（1798）十月二十四日册封为芳妃。嘉庆六年（1801）八月三十日卒。同年十一月二十七日葬入裕陵妃园寝。

惇妃

晋妃，富察氏，满族，生年不详，主事德克精额之女。初入宫为贵人。嘉庆二十五年（1820）十二月二十日，被道光帝尊为晋妃。道光二年（1822）十二月初八日卒。道光三年（1823）四月二十六日葬入裕陵妃园寝。她是最后一个葬入裕陵妃园寝的妃嫔。

恂嫔，霍硕特氏，亦作"郭氏"，十二月二十四日生，生年不详，台吉乌巴什之女。乾隆二十四年（1759）六月十九日封郭常在，乾隆二十五年（1760）晋封为郭贵人。乾隆二十六年（1761）八月扈从木兰，二十六日死于波罗河屯行宫。乾隆二十七年（1762）四月十九日葬入裕陵妃园寝。五月追封为恂嫔。

慎嫔，拜尔噶斯氏，四月十一日生，生年不详，德穆齐赛音察克之女。乾隆二十四年（1759）六月十九日封伊贵人。乾隆二十七年（1762）五月二十一日册封为慎嫔。乾隆二十九年（1764）六月初四日卒。乾隆三十年（1765）闰二月初二日葬入裕陵妃园寝。

仪嫔，黄氏，戴敏之女，为高宗藩邸格格。雍正十三年（1735）九月二十四日，乾隆帝谕："格格黄氏著封为嫔，按黄氏之母家系包衣管领下人，著拨归本旗包衣佐领。"乾隆元年（1736）九月卒，九月二十八日追封为仪嫔。乾隆十七年（1752）十月二十七日首批葬入裕陵妃园寝。曾被误传为"银妃"。

诚嫔，钮祜禄氏，满族，九月二十九日生，生年不详，二等侍卫兼佐领穆克登之女。乾隆二十二年（1757）六月初九日封兰贵人。乾隆四十一年（1776）十一月十八日诏封诚嫔。乾隆四十九年（1784）三月二十五日在杭州落水而死。同年九月初八日葬入裕陵妃园寝。

怡嫔，柏氏，四月十六日生，生年不详，柏士彩之女。乾隆六年（1741）十一月二十二日册封为怡嫔。乾隆二十二年（1757）卒。奉谕："嫔等内事出，若生有阿哥、格格者，奏派王等穿孝。若无，自不必奏。"乾隆二十二年（1757）十一月初二日葬入裕陵妃园寝。

恭嫔，林氏，满族，十二月二十六日生，生年不详，拜唐阿佛保之女。约乾隆十五年（1750）入宫，初封林常在。乾隆十六年（1751）六月晋封为林贵人。乾隆五十九年（1794）十二月二十九日册封为恭嫔。嘉庆十年（1805）十一月二十七日卒。嘉庆十二年（1807）十一月初三日葬入裕陵妃园寝。

白贵人，六月十七日生，生年不详。乾隆十五年（1750）已是白常在。乾隆五十九年（1794）十月二十四日晋封为白贵人。嘉庆八年

（1803）六月卒。嘉庆十年（1805）三月十七日葬入裕陵妃园寝。

金贵人，九月十一日生，生年不详。乾隆四十一年（1776）五月初八日封金常在。乾隆四十二年（1777）九月十一日晋封为金贵人。乾隆四十三年（1778）四月初九日卒，同年九月初九日葬入裕陵妃园寝。

瑞贵人，索绰络氏，正月十九日生，生年不详，礼部尚书德保之女。初为瑞贵人，乾隆三十年（1765）六月初九日卒。乾隆三十一年（1766）九月二十一日收瑞贵人遗物。同年九月二十八日葬入裕陵妃园寝。

武贵人，十月十八日生，生年不详。乾隆二十九年（1764）三月二十二日封武常在。乾隆四十五年（1780）晋封为武贵人。乾隆四十五年十二月卒，乾隆四十六年（1781）十二月初二日收武贵人遗物。乾隆四十九年（1784）九月初八日葬入裕陵妃园寝。

新贵人，八月初十日生，生年不详。乾隆二十七年（1762）六月二十七日封为新常在。乾隆四十年（1775）闰十月初九日收回遗物。乾隆四十九年（1784）十月二十六日葬入裕陵妃园寝。

福贵人，正月十九日生，生年不详。乾隆二十八年（1763）十月初三日封福常在。乾隆二十九年（1764）八月初五日死在承德避暑山庄，十一月二十六日遗物收回。乾隆三十年（1765）闰二月初二日葬入裕陵妃园寝。

秀贵人，乾隆十年（1745）十月十四日卒，乾隆十七年（1752）十月二十七日与仪嫔等首批葬入裕陵妃园寝。

寿贵人，柏氏，八月二十日生，生年不详。乾隆二十九年（1764）三月二十二日封为那常在。乾隆五十九年（1794）十月二十二日晋

第七章 解密裕陵妃园寝

顺妃（后来的顺贵人）

封为寿贵人。嘉庆朝时尊为寿太贵人。嘉庆十四年（1809）二月二十一日卒。同年三月十八日葬入裕陵妃园寝。

顺贵人，钮祜禄氏，满族，乾隆十三年（1748）十一月二十五日生，总督爱必达之女。乾隆三十一年（1766）六月二十六日进宫，初封为常贵人，时年十九岁。乾隆三十三年（1768）十月册封为顺嫔。乾隆四十一年（1776）六月二十五日诏封为顺妃。乾隆五十三年（1788）正月二十九日被降为贵人，收回朝冠金累丝凤、金垂挂、金头箍及朝珠等物。乾隆五十五年（1790）七月底八月初卒，乾隆五十六年（1791）十二月十八日葬入裕陵妃园寝。

鄂贵人，西林觉罗氏，三月二十四日生，生年不详，满族，巡抚鄂乐舜之女。乾隆十五年（1750）已称"鄂常在"。乾隆五十九年（1794）十二月二十二日晋封为贵人。嘉庆朝尊为鄂太贵人。嘉庆十三年（1808）四月二十五日卒，嘉庆十四年（1809）三月十八日葬入裕陵妃园寝。

陆贵人，亦称"禄贵人"，九月二十三日生，生年不详。乾隆二十五年（1760）十二月十四日封为禄常在。乾隆四十年（1775）晋封为禄贵人。因患中风于乾隆五十四年（1789）闰五月初五日丑时病死。乾隆五十六年（1791）十二月十八日葬入裕陵妃园寝。

慎贵人，五月十六日生，生年不详。乾隆十五年（1750）已是慎贵人。乾隆四十一年（1776）尚在，乾隆四十二年（1777）九月二十日葬入裕陵妃园寝。

张常在，张氏，乾隆十年（1745）十月十八日卒。乾隆十七年（1752）十月二十七日首批葬入裕陵妃园寝。

宁常在，十一月十四日生，生年不详。乾隆二十八年（1763）十月二十五日封为宁常在。乾隆四十六年（1781）十二月初二日收回遗物。乾隆四十九年（1784）九月初八日葬入裕陵妃园寝。

揆常在，七月初十日生，生年不详。乾隆十五年（1750）已是常在。乾隆二十二年（1757）十一月初二日，葬入裕陵妃园寝。

平常在，生日是七月十二日，生年不详。乾隆三十三年（1768）五月二十一日封为平常在。死亡时间不详。乾隆四十三年（1778）九月初九日葬入裕陵妃园寝。同年十一月二十八日收回遗物。

五、裕陵妃园寝的被盗

以往，人们将物品的缺失、丢失或被抢、被偷称为"被盗"。实则，还有一种被盗被人们忽视，那就是监守自盗。凡是不经官家或者物品主人允许的个人行为，即使是明目张胆地拿走，也属于"偷"，因为这种行为是不为官家或物品主人所知及认可的。就陵墓而言，凡是陵寝本来应有的物品，包括殿宇收藏使用物品、地面建筑、四周树木、地下棺椁等，只要是与人为有关而缺失或者被毁坏或被偷，都属于被盗这一范畴。

至于裕陵妃园寝何时被盗,其有记载时间应该算是民国十四年即1925年,刚上任的东陵守护大臣毓彭发现,东陵马兰关总兵张之庆等人监守自盗,不但贩卖陵寝树木,还私拿陵寝物品,其中提到了包括裕陵妃园寝享殿内的画像被带走。

裕陵妃园寝建筑遭到破坏时间,有记载的时间为1928年8月,当时孙殿英盗东陵案发生后不久,来东陵调查盗陵案的清皇室发现,裕陵妃园寝建筑已遭到一定程度上的破坏:

> 东朝房门窗、槛框全失;西朝房门窗、槛框全失;宫门二,存,铜钉全失;享殿神龛门窗、槛框全失,后檐脱落不齐;东西角门槛框全失。

1929年12月22日,东陵守护大臣乐泰等发现纯惠皇贵妃园寝明楼内地砖有挖掘痕迹,但并不能判定地宫是否被盗,未敢擅自打开地宫查看。第二天,乐泰会同遵化县公安局巡官胡鼎勋、马兰峪保卫团团正曹均乐前往查看,发现地宫确实已经被盗,当即派人进入地宫,"见金棺损毁,玉骨凌乱,伤心惨目,所不忍言"。随后将盗口暂时封闭,等候清逊帝溥仪派人前来处理。后来,马兰峪西区联庄会会同公安局拿获四名盗陵犯,并抄出掘挖器具、手枪等物,"均转解遵化县政府讯办"。

清逊帝溥仪获知裕陵妃园寝被盗后,立刻派宝熙的三子志林到东陵勘察被盗情况,后又令载泽等人重殓尸骨。载泽等人赴东陵处理纯惠皇贵妃地宫被盗事宜,除了恳请民国政府缉拿盗犯交遵化县政府处理,还对尸骨进行了重殓,修复了被毁坏的棺椁,填砌了隧道,事后向清逊帝溥仪汇报处理纯惠皇贵妃地宫被盗的开支详单，共花费银圆二千一百五十五元一角九分。

纯惠皇贵妃地宫在这次被盗之后，又发生过第二次、第三次甚至更多次被盗。1981年11月，当清东陵打开地宫清理时发现，纯惠皇贵妃地宫内两具棺椁都已被损，"被拆散的棺木板横七竖八，到处都是"，根本不是1929年被盗修复后的样子，还在墓道的尽头发现一只盗陵匪徒使用过的方铁桶，估计是用来装地宫泥浆到外面淘洗，以期发现流落泥浆中的珍宝。如果地宫仅被盗过一次，被重殓过尸骨、修复棺椁的地宫不会是这样的。

裕陵妃园寝的其他地宫何时被盗，估计是在1945年之后。对此，原蓟县公安局局长云光回忆1945年东陵盗案时是这样说的：

（我）在清查盗陵案犯时，有一天在马兰峪听人讲："今晚裕妃陵有事。"说得支吾不清，又不肯详细报告，估计裕妃陵有情况。天刚黑，我带着赵蔚、唐建中和公安保卫队二十来人，赶到裕妃陵，将靠近砂山时，被匪徒哨兵发现，向我们开了枪。我告诉部队不要还枪，把部队撒开，把陵前陵后包围起来。可是那几声枪响后，匪徒听到信号，早逃跑了。我们进了陵，一个人影也没有了。只见满院子土垛子，其中有的土垛子被挖开半个，还没来得及全打开，人就逃之夭夭了。

1945年至1949年期间，裕陵妃园寝中的三十五座地宫，大多数被盗。是否有一两个或者更多未被盗，目前尚不清楚。

附录

附录 1

乾隆帝遗诏

朕惟帝王诞膺天命，享祚久长，必有小心昭事之诚，与天无间。然后厥德不回。永绥多福，是以兢兢业业。无怠无荒。一日履乎帝位，即思一日享乎天心。诚知夫持盈保泰之难，而慎终如始之不易易也。朕仰荷上苍鸿佑，列圣贻谋。爰自冲龄，即蒙皇祖钟爱，非常皇考慎选元良，付畀神器。即位以来，日慎一日，当重熙累洽之期，不敢存豫大丰亨之见。敬思人主之德，惟在敬天、法祖、勤政、爱民。而此数事者，非知之艰行之惟艰。数十年来，严恭寅畏，弗懈益虔。每遇郊坛大祀，躬亲展恪，备极精禋，不以年齿日高，稍自暇豫。中间四诣盛京，恭谒祖陵。永惟创业之艰，益切守成之惧。万几躬揽，宵旰忘疲。引对臣僚，批答奏章，从无虚日。各省雨旸丰歉，刻萦怀抱。凡六巡江浙，相度河工海塘，轸念民依，如保赤子，普免天下钱粮者五、漕粮者三。积欠者，再间遇水旱偏灾蠲赈，并施不下亿万万。惟期藏富小民治臻，上理仰赖天祖眷贻，海宇昇平，版图式扩。平定伊犁回部、大小金川，缅甸来宾，安南臣服。以及底定廓尔喀，梯航所至，稽首输忱。其自作不靖者，悉就殄灭。凡此朕功之叠奏，皆不得已而用兵。而在位日久，经事日多，祗惧之心，因以日切。初不敢谓已治已安，稍涉满假也。回忆践阼之初，曾默祷上帝，若能仰邀眷命，在位六十年，即当传位嗣子，不敢有逾皇祖纪年之数。其时朕春秋方二十有五，豫计六十年，时日方长。若在可知不可知之数。乃荷昊慈笃祜，康强逢吉。年跻望九，亲见五代元孙，周甲纪元，竟符初愿。抚衷循省，欣感交加，爰于丙辰正旦，亲授玺皇帝，自称太上皇，以遂初元吉天之本志。初非欲自暇自逸，深居高拱，为颐养高年计也。是以传位之后，仍日亲训政。盖自揣精力未至倦勤，若事优游颐养，则非所以。仰答天祖深恩，不惟不忍，亦实所不敢。训政以来，犹日孜孜，于兹又逾三年。近因剿捕川省教匪，筹笔勤劳，日殷盼捷，已将起事首逆，紧要各犯，骈连就获。其奔窜夥党，亦可计日成擒，蒇功在即。比岁寰宇，屡丰祥和，协吉衷怀，若可稍纾，而思艰图易之心，实未尝一刻弛也。越岁庚申，为朕九旬万寿。昨冬皇帝率同王公内外大臣等，豫请举行庆典，情词恳切，实出至诚，业降敕旨俞允。夫以朕年跻上耋，诸福备膺。皇帝合万国之欢，申亿龄之祝。固为人子，为人臣者，无穷之愿。然朕之本衷，实不欲侈陈隆轨，过滋劳费。每思洪范，以考终列福之五。从古帝王躬享遐龄，史册相望，终归有尽。且人生上寿百年，今朕已登八十有九即满，许期颐亦瞬息间事。朕惟庄敬日强，修身以俟。岂尚有所不足，而奢望无已耶。朕体气素强，从无疾病。上年冬腊，偶感风寒。调理就愈，精力稍不如前。新岁正旦，犹御乾清宫受贺。日来饮食渐减，视听不能如常，老态顿增。皇帝孝养尽诚，百方调护，以冀痊可第。朕年寿已高，恐非医药所能奏效。兹殆将大渐，特举朕在位数十年，翼翼小心，承受天祖恩佑之由，永贻来叶。皇帝聪明仁孝，能深体朕之心，必能如朕之福，付托得人，实所深慰。内外大小臣工等，其各勤思厥职，精白乃心。用辅皇帝郅隆之治，俾亿兆黎庶，咸乐昇平。朕追随列祖在天之灵，庶无遗憾矣。其丧制悉遵旧典,二十七日而除。天地宗庙社稷之祭,不可久疏百神群祀,亦不可辍。特兹诰诫其各遵行。

——选自《高宗纯皇帝实录》

附录2

裕陵圣德神功碑碑文

在研究时,笔者注意到一个细节,在裕陵之前的神功圣德碑或圣德神功碑,其碑文最后署名都是"孝孙嗣皇帝"或"孝子嗣皇帝",然而自裕陵开始,其碑文最后署名都是"子臣嗣皇帝"。为什么嘉庆帝在裕陵圣德神功碑碑文最后署名自称"子臣嗣皇帝"而不称"孝子嗣皇帝"?虽然仅是两字之差,但将"孝子"改称"子臣",其中必有缘故,这其中的缘故,目前不得而知。

在裕陵之后的昌陵、慕陵,嗣皇帝在碑文最后署名均为"子臣"了。

大清裕陵圣德神功碑

洪惟我皇考高宗纯皇帝体乾知临,巍焕铄人耳目,深仁醲泽,浃民心于亿万年。予小子曷敢规天极,摹暵轮,然而亲炙提命,哀慕罔极,有切于臣民所见闻者,不辞挂漏,敬用阐宥密,揭纲条,以昭信于奕囗。叙曰:高宗法天隆运至诚先觉体元立极敷文奋武孝慈神圣纯皇帝,世宗敬天昌运建中表正文武英明宽仁信毅大孝至诚宪皇帝之四子也。母崇庆慈宣康惠敦和裕寿纯禧恭懿安祺宁豫孝圣宪皇后,于康熙辛卯八月十三日子刻诞育圣躬,生而神灵。年十二随世宗初侍圣祖,宴于牡丹台,一见异之,曰:"是福过于予。"厥秋扈驾避暑山庄暨木兰行围,躬承恩眷,详见圣制《纪恩堂记》,于是灼然有太王贻孙之鉴,而燕翼之志益定。年二十有五继嗣大宝,初政日新,天下咸诵尧舜复出，善继善述。一念敬勤，亘六十三年不息倍乾，体天合一。郊庙必亲，庶徵克念，曰雨曰旸，惟动丕应。乾隆二十三年夏旱，为文以吁曰："呜呼！其惠雨乎？"步至坛所，读祝未竟，晨霞叆霄，霖雨立沛。自是有愿必孚，故自号曰：信天主人。惟祖考启佑，陟降在庭，每晨恭读五朝实录，追远笃亲，觐扬光烈。四诣盛京，岁时上诸陵，发声必哀，盖终身孺慕，孝乎？惟孝也。事孝圣宪皇后四十二年，晨昏问侍，扶掖安辇，极尊养之隆。祝厘让善，至于终身。以古稀天子，致戚尽礼，有加于儒行，纯乎纯孝也。推仁锡类，莫先亲亲，则有念功继绝，绍开国睿亲王、豫亲王等封。普锡宗室四品顶带。尊贤重道，则有怀旧三先生之咏。乾纲独握，刑赏予夺，信若四时，迅若雷霆，平若衡斗，去已甚而不为已甚。躬勤万几，批答章奏，不爽晷刻；万里之外，若镜照而的贯。六巡江浙，楗石塘以捍海，濬陶庄以奠河。五诣阙里以及岱、嵩、五台，省方观民，行庆施惠，所至咸悦。岁乙丑、庚寅、丁酉、庚戌、乙卯，五蠲天下正供；丙戌、己亥，普免漕粮。又全豁积逋者一。水旱偏祲，朝报夕发，赈济复缓之诏，岁不绝书，赐帑金不啻钜亿亿万，不以逆亿而稍屯其膏，所以重民天，固邦本，活贫惸①之黎庶。如沙如尘，不可纪数。此则至仁善政，天信民顺，培元气于无垠，万世子孙所当法守者也。天纵多能，执心经，阐史要。石鼓石经之碣，四库七阁之弆。御制诗五集、文三集之外，又成余集，乾包坤负，日光海涌，浩浩乎，其无尽藏也。建辟雍，宴千叟，举鸿博经学之儒，开乡会文武恩科者十四，存闰位以公大统，谥

---

① 音穷，没有弟兄，孤独。

忠义而别贰臣，盖敷文教者祎矣。天锡勇智，尝亲御弧矢，二十发而十九中，岁狝木兰，服不殪猛，蒙古四十九藩拱观而震慑。再犁伊犁，名王扈马，收回部，辟地二万里。黄河之源、葱岭于阗之山，皆列疆内。两平金川，靖台湾，归缅甸，朝安南，降廓尔喀，武功十全。而齐伦、甘回、楚苗、潢池萑苻之俘馘不与焉。西洋航海诸国，却奇琛而不宝，所以昭德威于无外也。五福备臻，亲见五代；九畴攸叙，寿开九如。集列祖创守之大成，兼尧舜禹汤文武孔子之勋德。帝王以来，未有若斯之盛者也。临御初元，默祷于天曰：仁皇帝享国六十一年，予不敢赢。天克如所愿，必传位于子，勿违初志。乾隆六十年乙卯秋九月三日乃宣立储诏，明年丙辰正月朔旦，遂授玺于藐躬，辞不获允，训政三年，耳提手携辟呭加膝之恩无以喻也。子臣日侍慈颜，每以敬天、法祖、勤政、爱民四大端为诲，而以为仁君止于仁二语时存于心，行之必本于诚，此三年中常承之训。子臣服膺勿敢失，并告之子孙以为心传家法也。凡遇朝会燕飨，子臣侍坐恭陪，亲愉色笑，上寿捧觞，手赐肴馔，蔼然父子家人之乐。侍从诸臣及外藩陪隶咸目睹，传为天家盛事。子臣方期我皇父寿迈期颐，来云绕膝，合天下万国欢心，永祝无疆之庆。而圣体康强，神明弥健。乃自去冬至日后，偶染微寒，犹孜孜宵旰，训政如常。今己未正月三日，疾大渐。犹手握子臣手，勤拳眷爱。至辰刻，竟脱屣升遐。呜呼！痛哉！攀髯号弓，天裂地震。盖圣寿八十有九，从此予小子何所仰怙哉！伊古世及传子之帝，有如我皇父之慈者乎？继统受命之君，有如予小子受恩之重者乎？予小子其何以报昊天之德，继纯亦不已之志，以仰慰在天之灵于万一也。呜呼！痛哉！敬卜于是秋九月庚午望葬裕陵，以孝贤诚正敦穆仁惠辅天昌圣纯皇后、孝仪恭顺康裕慈仁翼天毓圣纯皇后暨诸母妃祔。谨和泪濡毫，拜手稽首而作颂，曰：

惟天笃圣，万古一人。惟圣合天，万善一身。

于穆皇考，得天之纯。夐乎高哉，曷克拟伦。

生而神哲，少长歧嶷。圣祖灼知，孙有圣德。

曰福予盈，惟是贻翼。世宗继志，题名殿极。

嗣圣握符，飞龙在天。初政濯濯，久道乾乾。

日新又新，八十九年。始终一贯，智周圣全。

四郊六宗，至诚禋格。雨旸肃乂，钦乎天尺。

信天天顺，如携如获。四得无违，十全有奭。

文谟武烈，丕显丕承，念兹在兹，继继绳绳。

长白鸭绿，东西山陵。四孟大祫，俀忾式凭。

孝于慈宁，扶掖安膳。松鹤怡愉，衮龙舞忭。

颐养豫游，孝思斋奠。古稀孺慕，推仁锡羡。

民惟邦本，图易思艰。底绩河海，鞫谋痌瘝。

大赉钜亿，散金邱山。保我赤子，苏枯饫羼。

时巡岁省，达聪明目。惩贪察廉，六驭在握。

惟日孜孜，以永天禄。执两用中，权衡圭粟。

文思天亶，万卷纬经。渊源津溯，甲乙丙丁。

五三御集，金石碣铭。八音从风，北极拱星。

大武维扬，张我九伐。北荡天山，西厌月□。

庙谟神断，审几在括。金川红毛，至于拔达。

八徵九叙，既寿且康。初服祷穹，绳武不遑。

天如从愿，周甲寋裳。简畀忝德，敢不敬覆。

倦勤弥勤，授政训政。嗟予小子，神视气听。

乘云帝乡，攀号无檠。羹墙如在，曷温曷清。

圣德荡荡，神功巍巍。于昭在上，呜呼瞻依。

圣水淙鋆，灵山翠微。亿年安宅，巩我丕基。

　　　　嘉庆四年四月十二日　子臣嗣皇帝颙琰敬述

附录3

乾隆帝后妃表

顺序	封号	姓氏	民族	谥号	出生日期	入宫时间
1	孝贤纯皇后	富察氏	镶黄旗满洲	孝贤诚正敦穆仁惠徽恭康顺辅天昌圣纯皇后	康熙五十一年（1712）二月二十二日	雍正五年（1727）七月十八日
2	那拉皇后	那拉氏	正黄旗满洲		康熙五十七年（1718）二月初十日	雍正时入侍弘历潜邸
3	孝仪纯皇后	魏佳氏	镶黄旗满洲	孝仪恭顺康裕慈仁端恪敏哲翼天毓圣纯皇后	雍正五年（1727）九月初九日	乾隆十年（1745）
4	慧贤皇贵妃	高佳氏	镶黄旗满洲	慧贤皇贵妃	不详	雍正时入侍弘历潜邸
5	哲悯皇贵妃	富察氏	满族	哲悯皇贵妃	不详	雍正时入侍弘历潜邸

册封时间	死亡日期	享年	子女	葬地	入葬日期	备考
乾隆二年（1737）十二月初四日册立为皇后	乾隆十三年（1748）三月十一日	37	子2女2	河北遵化清东陵裕陵	乾隆十七年（1752）十月二十七日	
乾隆十五年（1750）八月初二日册立为皇后	乾隆三十一年（1766）七月十四日	49	子2女1	河北遵化清东陵裕陵妃园寝	乾隆三十一年（1766）九月二十八日	乾隆三十年（1765）五月初十日后仅有"皇后"名号，没有了待遇
乾隆六十年（1795）十月二十七日追谥为孝仪皇后	乾隆四十年（1775）正月二十九日	49	子4女2	河北遵化清东陵裕陵	乾隆四十年（1775）十月二十六日	
乾隆十年（1745）正月二十三日诏封皇贵妃	乾隆十年（1745）正月二十五日	不详		河北遵化清东陵裕陵	乾隆十七年（1752）十月二十七日	
乾隆十年（1745）正月二十四日诏封为皇贵妃	雍正十三年（1735）七月初三日	不详	子1女1	河北遵化清东陵裕陵	乾隆十七年（1752）十月二十七日	

顺序	封号	姓氏	民族	谥号	出生日期	入宫时间
6	淑嘉皇贵妃	金佳氏	正黄旗满洲	淑嘉皇贵妃	康熙五十二年（1713）七月二十五日	雍正时入侍弘历潜邸
7	纯惠皇贵妃	苏佳氏	正白旗满洲	纯惠皇贵妃	康熙五十二年（1713）五月二十一日	雍正时入侍弘历潜邸
8	庆恭皇贵妃	陆氏	不详	庆恭皇贵妃	雍正二年（1724）六月二十四日	不详
9	颖贵妃	巴林氏	镶红旗蒙古		雍正九年（1731）正月二十九日	不详
10	婉贵妃	陈氏	汉族		不详	雍正时入侍弘历潜邸
11	忻贵妃	戴佳氏	镶黄旗满洲		生年不详，生日为五月二十九日	不详

续表

册封时间	死亡日期	享年	子女	葬地	入葬日期	备考
乾隆二十年（1755）十一月十七日册谥为淑嘉皇贵妃	乾隆二十年（1755）十一月十六日	43	子4	河北遵化清东陵裕陵	乾隆二十二年（1757）十一月初二日	
乾隆二十五年（1760）四月十一日册封皇贵妃	乾隆二十五年（1760）四月十九日	48	子2女1	河北遵化清东陵裕陵妃园寝	乾隆二十七年（1762）四月十九日	
嘉庆四年（1799）正月初四日追封皇贵妃	乾隆三十九年（1774）七月十五日	51		河北遵化清东陵裕陵妃园寝	乾隆四十年（1775）十月二十六日	
嘉庆三年（1798）十月二十四日册封	嘉庆五年（1800）二月十九日	70		河北遵化清东陵裕陵妃园寝	嘉庆六年（1801）二月十三日	
嘉庆六年（1801）四月十五日册封	嘉庆十二年（1807）二月初二日	92		河北遵化清东陵裕陵妃园寝	嘉庆十二年（1807）十一月初三日	
乾隆二十九年（1764）四月二十八日追封	乾隆二十九年（1764）四月二十八日	不详	女2	河北遵化清东陵裕陵妃园寝	乾隆三十年（1765）闰二月初二日	

顺序	封号	姓氏	民族	谥号	出生日期	入宫时间
12	愉贵妃	海氏、海佳氏，亦称"珂里叶特氏"	不详		康熙五十三年（1714）五月初四日	雍正时入侍弘历潜邸
13	循贵妃	伊尔根觉罗氏	镶蓝旗满洲		乾隆二十三年（1758）九月十七日	不详
14	容妃	和卓氏	维吾尔族		雍正十二年（1734）九月十五日	乾隆二十五年（1760）二月初三日
15	豫妃	博尔济吉特氏	蒙古族		雍正七年（1729）十二月十五日	不详
16	舒妃	叶赫那拉氏	正黄旗满洲		雍正六年（1728）六月初一日	乾隆六年（1741）
17	惇妃	汪氏	正白旗满洲		乾隆十一年（1746）三月初六日	乾隆二十八年（1763）十月十八日
18	芳妃	陈氏	汉族		生年不详，生日为九月二十四日	不详

续表

册封时间	死亡日期	享年	子女	葬地	入葬日期	备考
乾隆五十七年（1792）五月二十一日追封	乾隆五十七年（1792）五月二十一日	79	子1	河北遵化清东陵裕陵妃园寝	乾隆五十八年（1793）十月二十日	
嘉庆二年（1797）十一月追封	嘉庆二年（1797）十一月二十四日	40		河北遵化清东陵裕陵妃园寝	嘉庆四年（1799）九月十一日	
乾隆三十三年（1768）十月初六日册封	乾隆五十三年（1788）四月十九日	55		河北遵化清东陵裕陵妃园寝	乾隆五十三年（1788）九月二十五日	
乾隆二十九年（1764）七月初四日册封	乾隆三十八年（1773）十二月二十日	45		河北遵化清东陵裕陵妃园寝	乾隆四十年（1775）十月二十六日	
乾隆十四年（1749）四月初五日册封	乾隆四十二年（1777）五月三十日	50		河北遵化清东陵裕陵妃园寝	乾隆四十二年（1777）九月二十日	
乾隆三十九年（1774）十一月十六日册封	嘉庆十一年（1806）正月十七日	61	女1	河北遵化清东陵裕陵妃园寝	嘉庆十二年（1807）十一月初三日	
嘉庆三年（1798）十月二十四日册封	嘉庆六年（1801）八月三十日	不详		河北遵化清东陵裕陵妃园寝	嘉庆六年（1801）十一月二十七日	

顺序	封号	姓氏	民族	谥号	出生日期	入宫时间
19	晋妃	富察氏	满族		不详	不详
20	恂嫔	霍硕特氏，亦作"郭氏"	不详		生年不详，生日为十二月二十四日	不详
21	慎嫔	拜尔噶斯氏	不详		生年不详，生日为四月十一日	不详
22	仪嫔	黄氏	不详		不详	雍正时入侍弘历潜邸
23	诚嫔	钮祜禄氏	满族		生年不详，生日为九月二十九日	不详
24	怡嫔	柏氏	不详		生年不详，生日为四月十六日	不详
25	恭嫔	林氏	满族		生年不详，生日为十二月二十六日	约乾隆十五年（1750）

续表

册封时间	死亡日期	享年	子女	葬地	入葬日期	备考
嘉庆二十五年（1820）十二月二十日册封	道光二年（1822）十二月初八日	不详		河北遵化清东陵裕陵妃园寝	道光三年（1823）四月二十六日	
乾隆二十七年（1762）五月追封	乾隆二十六年（1761）八月二十六日	不详		河北遵化清东陵裕陵妃园寝	乾隆二十七年（1762）四月十九日	死于波罗河屯行宫
乾隆二十七年（1762）五月二十一日册封	乾隆二十九年（1764）六月初四日	不详		河北遵化清东陵裕陵妃园寝	乾隆三十年（1765）闰二月初二日	
乾隆元年（1736）九月二十八日追封	乾隆元年（1736）九月	不详		河北遵化清东陵裕陵妃园寝	乾隆十七年（1752）十月二十七日	
乾隆四十一年（1776）十一月十八日诏封	乾隆四十九年（1784）三月二十五日	不详		河北遵化清东陵裕陵妃园寝	乾隆四十九年（1784）九月初八日	在杭州落水而死
乾隆六年（1741）十一月二十二日册封	乾隆二十二年（1757）	不详		河北遵化清东陵裕陵妃园寝	乾隆二十二年（1757）十一月初二日	
乾隆五十九年（1794）十二月二十九日册封	嘉庆十年（1805）十一月二十七	不详		河北遵化清东陵裕陵妃园寝	嘉庆十二年（1807）十一月初三日	

顺序	封号	姓氏	民族	谥号	出生日期	入宫时间
26	白贵人	不详	不详		生年不详,生日为六月十七日	不详
27	金贵人	不详	不详		生年不详,生日为九月十一日	不详
28	瑞贵人	索绰络氏	不详		生年不详,生日为正月十九日	不详
29	武贵人	不详	不详		生年不详,生日为十月十八日	不详
30	新贵人	不详	不详		生年不详,生日为八月初十日	不详
31	福贵人	不详	不详		生年不详,生日为正月十九日	不详
32	秀贵人	不详	不详		不详	不详
33	寿贵人	柏氏	不详		生年不详,生日为八月二十日	不详

续表

册封时间	死亡日期	享年	子女	葬地	入葬日期	备考
乾隆五十九年（1794）十月二十四日晋封	嘉庆八年（1803）六月	不详		河北遵化清东陵裕陵妃园寝	嘉庆十年（1805）三月十七日	
乾隆四十二年（1777）九月十一日晋封	乾隆四十三年（1778）四月初九日	不详		河北遵化清东陵裕陵妃园寝	乾隆四十三年（1778）九月初九日	
不详	乾隆三十年（1765）六月初九日	不详		河北遵化清东陵裕陵妃园寝	乾隆三十一年（1766）九月二十八日	
乾隆四十五年（1780）晋封	乾隆四十五年（1780）十二月	不详		河北遵化清东陵裕陵妃园寝	乾隆四十九年（1784）九月初八日	
乾隆二十七年（1762）六月二十七日	乾隆四十年（1775）闰十月初九日收回遗物	不详		河北遵化清东陵裕陵妃园寝	乾隆四十九年（1784）十月二十六日	
乾隆二十八年（1763）十月初三日	乾隆二十九年（1764）八月初五日	不详		河北遵化清东陵裕陵妃园寝	乾隆三十年（1765）闰二月初二日	死在避暑山庄
不详	乾隆十年（1745）十月十四日	不详		河北遵化清东陵裕陵妃园寝	乾隆十七年（1752）十月二十七日	
乾隆五十九年（1794）十月二十二日晋封	嘉庆十四年（1809）二月二十一日	不详		河北遵化清东陵裕陵妃园寝	嘉庆十四年（1809）三月十八日	

顺序	封号	姓氏	民族	谥号	出生日期	入宫时间
34	顺贵人	钮祜禄氏	满族		乾隆十三年（1748）十一月二十五日	乾隆三十一年（1766）六月二十六日
35	鄂贵人	西林觉罗氏	满族		生年不详，生日为三月二十四日	不详
36	陆贵人（亦称"禄贵人"）	不详	不详		生年不详，生日为九月二十三日	不详
37	慎贵人	不详	不详		生年不详，生日为五月十六日	不详
38	张常在	张氏	不详		不详	不详
39	宁常在	不详	不详		生年不详，生日为十一月十四日	不详
40	揆常在	不详	不详		生年不详，生日为七月初十日	不详
41	平常在	不详	不详		生年不详，生日为七月十二日	不详

续表

册封时间	死亡日期	享年	子女	葬地	入葬日期	备考
乾隆四十一年（1776）六月二十五日诏封顺妃	乾隆五十五年（1790）七月底八月初	42		河北遵化清东陵裕陵妃园寝	乾隆五十六年（1791）十二月十八日	乾隆五十三年（1788）正月二十九日降为贵人
乾隆五十九年（1794）十二月二十二日	嘉庆十三年（1808）四月二十五日	不详		河北遵化清东陵裕陵妃园寝	嘉庆十四年（1809）三月十八日	
乾隆四十年（1775）	乾隆五十四年（1789）闰五月初五日	不详		河北遵化清东陵裕陵妃园寝	乾隆五十六年（1791）十二月十八日	
乾隆十五年（1750）已是慎贵人	乾隆四十一年（1776）尚在	不详		河北遵化清东陵裕陵妃园寝	乾隆四十二年（1777）九月二十日	
不详	乾隆十年（1745）十月十八日	不详		河北遵化清东陵裕陵妃园寝	乾隆十七年（1752）十月二十七	
乾隆二十八年（1763）十月二十五日	乾隆四十六年（1781）十二月初二日收回遗物	不详		河北遵化清东陵裕陵妃园寝	乾隆四十九年（1784）九月初八日	
乾隆十五年（1750）已是常在	不详	不详		河北遵化清东陵裕陵妃园寝	乾隆二十二年（1757）十一月初二日	
乾隆三十三年（1768）五月二十一日	乾隆四十三年（1778）	不详		河北遵化清东陵裕陵妃园寝	乾隆四十三年（1778）九月初九日	

制表：徐鑫

附录4

乾隆帝皇子表

出生顺序	排行顺序	名字	出生日期	生母	最后封号
1	皇长子	永璜	雍正六年（1728）五月二十八日	哲悯皇贵妃富察氏	定亲王
2	皇二子	永琏	雍正八年（1730）六月二十六日	孝贤纯皇后富察氏	端慧皇太子
3	皇三子	永璋	雍正十三年（1735）五月二十五日	纯惠皇贵妃苏佳氏	循郡王
4	皇四子	永珹	乾隆四年（1739）正月十四日	淑嘉皇贵妃金佳氏	履亲王
5	皇五子	永琪	乾隆六年（1741）二月初七日	愉贵妃珂里叶特氏	荣亲王
6	皇六子	永瑢	乾隆八年（1743）十二月十四日	纯惠皇贵妃苏佳氏	质亲王
7	皇七子	永琮	乾隆十一年（1746）四月初一日	孝贤纯皇后富察氏	哲亲王

死亡日期	享年	谥号	子女	葬地	备考
乾隆十五年（1750）三月十五日	23	安	子2	北京密云区太子陵	追封定亲王
乾隆三年（1738）十月十二日	9	端慧		天津蓟县朱华山园寝	雍正帝赐名
乾隆二十五年（1760）七月十六日	26			北京密云区太子陵	追封循郡王
乾隆四十二年（1777）二月二十八日	39	端	子6	北京昌平区秦城村西边十虎峪口	乾隆二十八年（1763）十一月出继履懿亲王允裪为孙
乾隆三十一年（1766）三月初八日	26	纯	子5女1	北京密云区太子陵	
乾隆五十五年（1790）五月初一日	47	庄	子6	河北保定涞水县北洛平村	乾隆二十四年（1759）十二月出继慎靖郡王允禧为孙
乾隆十二年（1747）十二月二十九日	2	悼敏		天津蓟州区朱华山园寝	嘉庆四年（1799）三月追封哲亲王

出生顺序	排行顺序	名字	出生日期	生母	最后封号
8	皇八子	永璇	乾隆十一年（1746）七月十五日	淑嘉皇贵妃金佳氏	仪亲王
9	皇九子	未命名	乾隆十三年（1748）七月初九日	淑嘉皇贵妃金佳氏	
10	皇十子	未命名	乾隆十六年（1751）五月十九日	舒妃叶赫那拉氏	
11	皇十一子	永瑆	乾隆十七年（1752）二月初七日	淑嘉皇贵妃金佳氏	成亲王
12	皇十二子	永璂	乾隆十七年（1752）四月二十五日	那拉皇后	
13	皇十三子	永璟	乾隆二十年（1755）十二月二十一日	那拉皇后	
14	皇十四子	永璐	乾隆二十二年（1757）七月十七日	孝仪纯皇后魏佳氏	
15	皇十五子	颙琰	乾隆二十五年（1760）十月初六日	孝仪纯皇后魏佳氏	嘉庆帝

续表

死亡日期	享年	谥号	子女	葬地	备考
道光十二年（1832）八月初七日	87	慎	子2	北京昌平区半壁店村	
乾隆十四年（1749）四月二十七日	2			天津蓟州区朱华山园寝	
乾隆十八年（1753）六月初七日	3			天津蓟州区朱华山园寝	
道光三年（1823）三月三十日	72	哲	子7	北京昌平区雪山村	
乾隆四十一年（1776）正月二十八日	25			天津蓟州区朱华山园寝西侧	嘉庆四年（1799）三月追封贝勒
乾隆二十二年（1757）七月二十四日	3			天津蓟州区朱华山园寝	
乾隆二十五年（1760）三月初八日	4			天津蓟州区朱华山园寝	
嘉庆二十五年（1820）七月二十五日	61	受天兴运敷化绥猷崇文经武光裕孝恭勤俭端敏英哲睿皇帝	子5女9	河北保定易县清西陵昌陵	

263

出生顺序	排行顺序	名字	出生日期	生母	最后封号
16	皇十六子	未命名	乾隆二十七年（1762）十一月三十日	孝仪纯皇后魏佳氏	
17	皇十七子	永璘	乾隆三十一年（1766）五月十一日	孝仪纯皇后魏佳氏	庆亲王

皇子葬地资料来源：冯其利《清代王爷坟》，紫禁城出版社，1996年；徐广源《大清皇陵秘史》，学苑出版社，2010年。

续表

死亡日期	享年	谥号	子女	葬地	备考
乾隆三十年（1765）三月十七日	4			天津蓟州区朱华山园寝	
嘉庆二十五年（1820）三月十三日	55	僖	子6	北京昌平区白羊城村	

制表：李宏杰

附录5

乾隆帝皇女表

出生顺序	排行顺序	封号	出生日期	生母	下嫁额驸
1	皇长女		雍正六年（1728）十月初二日	孝贤纯皇后富察氏	
2	皇二女		雍正九年（1731）四月二十七日	哲悯皇贵妃富察氏	
3	皇三女	固伦和敬公主	雍正九年（1731）五月二十四日	孝贤纯皇后富察氏	色布腾巴勒珠尔
4	皇四女	和硕和嘉公主	乾隆十年（1745）十二月初二日	纯惠皇贵妃苏佳氏	福隆安
5	皇五女		乾隆十八年（1753）六月二十三日	那拉皇后	
6	皇六女		乾隆二十年（1755）七月十七日	忻贵妃戴佳氏	
7	皇七女	固伦和静公主	乾隆二十一年（1756）七月十五日	孝仪纯皇后魏佳氏	拉旺多尔济

册封时间	死亡日期	享年	子女	葬地	备注
	雍正七年（1729）十二月二十七日	2		不详	
	雍正九年（1731）十二月初九日	1		不详	
乾隆初年	乾隆五十七年（1792）六月二十八日	62	子1 女4	北京朝阳区第十六中学西侧	
乾隆二十五年（1760）正月	乾隆三十二年（1767）九月初七日	23	子1	今北京朝阳区松公坟村	又称"佛手公主"
	乾隆二十年（1755）四月二十二	3		不详	
	乾隆二十三年（1758）八月二十六	4		不详	
乾隆三十五年（1770）正月	乾隆四十年（1775）正月初十日	20	不详	北京朝阳区将台乡大程庄村东	

出生顺序	排行顺序	封号	出生日期	生母	下嫁额驸
8	皇八女		乾隆二十二年（1757）十二月初七日	忻贵妃戴佳氏	
9	皇九女	和硕和恪公主	乾隆二十三年（1758）七月十四日	孝仪纯皇后魏佳氏	札兰泰
10	皇十女	固伦和孝公主	乾隆四十年（1775）正月初三日	惇妃汪氏	丰绅殷德

续表

册封时间	死亡日期	享年	子女	葬地	备注
	乾隆三十二年（1767）五月二十一日	11		天津市蓟州区朱华山园寝	
乾隆三十六年（1771）十二月	乾隆四十五年（1780）十一月十九日	23	不详	北京朝阳区洼里乡关西庄兆惠墓地东北约250米	
乾隆五十二年（1787）正月	道光三年（1823）九月初十日	49	子1	北京昌平区沙河镇傅家坟	

制表：徐鑫

参考书目

[1] 清实录［M］.北京：中华书局，1986.

[2] 赵尔巽，等.清史稿［M］.北京：中华书局，1977.

[3] 唐邦治.清皇室四谱［M］.上海：上海聚珍仿宋印书局，1923.

[4] 中国第一历史档案馆.光绪朝朱批奏折［M］.北京：中华书局，1996.

[5] 姜相顺，李海涛.大清皇室史轶［M］.沈阳：辽海出版社，2000.

[6] 第一历史档案馆.雍正朝汉文谕旨汇编［M］.桂林：广西师范大学出版社，1999.

[7] 庄士敦.紫禁城的黄昏［M］.惠春琳，李亚敏，陈晓东，译.北京：紫禁城出版社，2010.

[8] 徐鑫.道光帝陵历史之谜［M］.沈阳：辽宁人民出版社，2011.

[9] 徐鑫.地下佛堂·清东陵乾隆陵地宫清理之谜［M］.济南：山东大学出版社，2010.

[10] 阎崇年.清朝皇帝列传（增订图文本）［M］.北京：紫禁城出版社，2007.

[11] 杨珍.清朝皇位继承制度［M］.北京：学苑出版社，2009.

[12] 爱新觉罗·溥仪.我的前半生［M］.北京：群众出版社，2013.

[13] 徐广源.清东陵史话[M].北京：新世界出版社，2010.

[14] 徐广源.大清皇陵探奇[M].沈阳：沈阳出版社，2012.

[15] 于善浦.清东陵大观[M].石家庄：河北人民出版社，2000.

[16] 于善浦.清代帝后的归宿[M].北京：紫禁城出版社，2006.

[17] 徐广源.清皇陵地宫亲探记[M].北京：新世界出版社，2017.

[18] 周远廉.乾隆画像[M].北京：中华书局，2005.

[19] 克诚，等.东陵盗宝[M].长沙：岳麓书社，1986.

[20] 高冕.天机：清王朝皇权交接实录[M].北京：作家出版社，2004.

[21] 郭福祥.明清帝后玺印[M].北京：国际文化出版公司，2003.

[22] 李国荣.清宫档案揭秘[M].北京：中国青年出版社，2004.

[23] 金泉，岳南.热河的冷风[M].北京：新世界出版社，2003.

[24] 向斯.清代皇帝读书生活[M].北京：中国书店，2008.

[25] 陈捷，张昕.裕陵地宫石刻图像与梵字的空间构成和场所意义[J].北京：故宫博物院院刊，2016（5）.

后记

经过日日夜夜不停地敲打键盘,新的书稿终于尘埃落定了,我疲惫地靠在椅子上,默默地看着电脑显示器上的文稿的最后一行文字,在喜悦之余不免生出许多感慨。

乾隆帝的裕陵,我是再熟悉不过了。1998 年,我在这里工作,日日夜夜的守护让我得以零距离感知那宏伟的建筑、精美的石雕和那段早已逝去的历史。总想一次次的解读,总想一次次的驻足。有时也想一辈子就在这儿了,好去探寻那些未解的谜题。

后来,因为工作调动,我离开了裕陵,但因为自己的痴迷,还是经常去那里考察。裕陵的每一块砖瓦、每一寸土地,在我眼里都是那么熟悉、那么挚爱。陵前陵后,殿内殿外,地宫宝顶,都留下过我寻知的足迹。

裕陵砂山的形式,裕陵东侧的内外两道马槽沟,裕陵隆恩殿的尊藏和陈设,裕陵地宫的佛像和经文,裕陵宝顶上的树木,这些都是我极为关注的地方。这些内容关系着裕陵风水,关系着裕陵的规制,关系着裕陵的奢华,关系着裕陵的精美,也关系着裕陵墓主人——乾隆帝的生前喜好,以及体现着那时的大清国国势。

正是基于爱好和执着,我曾于 2005 年出版了《点击乾隆陵地宫》、2010 年出版了《地下佛堂:清东陵乾隆陵地宫清理之谜》。两本书出版后得到了许多专家、学者和广大读者的好评。由于这两本书出版都有些

后记

年头了，随着我近些年写作的成熟和资料的深入挖掘，我产生了写第三本乾隆帝裕陵专著的想法。于是，在前两本书的基础上，自己重新构思再次运笔，删去了裕陵被盗、盗案审判、裕陵开启等内容，增加了裕陵的选址、风水、建筑、陈设、尊藏、内葬人以及妃园寝相关内容的详细介绍，其中增加了很多新的研究成果，以及新的发现。

在写作过程中，我得到了很多师友的大力帮助和支持，他们为我无偿提供资料、图片并答疑解惑，如天津大学教授王其亨先生、北京的岳南先生等，以及来自全国各地的众多朋友、爱好者和热心的读者，我要再次真诚感谢他们。特别感谢唐山的李宏杰先生为我制作了乾隆帝皇子表。最后真诚地希望各位读者朋友对本书提出宝贵意见和中肯的批评。

思正书屋　一粒小尘土

2014年6月